# Écoland

Christian Grenier

# Écoland

MÉTIS
RAGEOT·ÉDITEUR

Couverture de Magali Shmitzler

ISBN 2-7002-2808-1

# VITALIN ET CLOVISSE

# 1

« Je suis partie pour Écoland. »

Incrédule, Vitalin relut le message que Yolande avait laissé sur la table du salon. Ainsi Yolande était partie ; ainsi Yolande l'avait quitté.

– Mais personne ne sait où se trouve Écoland, balbutia-t-il. On ignore même si Écoland existe !

Il parcourut les trois pièces du pavillon comme si, idée absurde, Yolande avait pu s'y cacher. Enfin, il se réfugia dans le garage qu'il avait transformé depuis peu en atelier. Son regard tomba sur la planche de BD crayonnée la veille. Les défauts de ses dessins lui parurent flagrants, insupportables.

Ce soir-là, il comprit que son travail était à l'image de la vie qu'il avait menée jusqu'ici : un brouillon sans cesse recommencé.

Il avait fait la connaissance de Yolande l'année précédente. À l'époque, il habitait un minuscule studio à Saint-Denis et vivotait en illustrant des romans sentimentaux bon marché. Un soir, des voisins de palier avaient frappé à sa porte pour lui demander un service délicat : emmener le lendemain leur fils trisomique à l'externat médico-pédagogique d'Épinay où ils le conduisaient chaque jour depuis cinq ans. Jusque-là, Vitalin avait soigneusement évité tout contact avec cet adolescent pataud de quatorze ans qui en paraissait huit, et dont les allures gauches et bizarres effrayaient les passants. Pendant le trajet, Louis ne répondit que par monosyllabes à Vitalin qui jugeait indispensable de meubler le silence par un discours bêtifiant. La rééducatrice s'appelait Yolande ; elle accueillit Louis avec un naturel désarmant, l'interrogea sur sa santé, ses projets, ses parents.

Ignoré et confus, Vitalin se sentit réduit au rang d'arriéré mental.

Menue, discrète et sans charme apparent, Yolande fuyait l'élégance et tout maquillage. Mais son perpétuel sourire têtu et chaleureux rendait sa laideur douce et inspirait une confiance infinie. Dès lors, Vitalin multiplia les occasions pour conduire Louis à l'externat. Yolande ne fut pas dupe ; ni Jacques, le collègue avec lequel elle vivait à l'époque ; il semblait l'aimer profondément mais il s'effaça pourtant rapidement. Vitalin prit son temps : il savourait la naissance d'une passion qu'il devina vite partagée et qu'il ne voulait pas hâtivement consumer.

Un soir, il invita Yolande à dîner chez lui. Elle admira son travail.

– C'est avec un logiciel de dessin que tu as réalisé cette couverture ? Tu as du talent, vraiment. Comme ce paysage est frais ! Et ce portrait... que de non-dits et de sous-entendus dans ce regard fuyant !

– Merci.

Il fondait, ne savait comment réagir. On le mettait rarement en valeur ; il était peu habitué aux compliments.

L'exiguïté du studio surprit Yolande, ainsi que ses instruments de travail : un vieux Pentium 4 du début du siècle.

– Tu dessines avec un matériel si rudimentaire ? Et dans de telles conditions ? Comment peux-tu te satisfaire de cette vie ?

Elle ne disait jamais « tu devrais » ; elle questionnait, s'étonnait, félicitait, persuadant ainsi ses interlocuteurs qu'ils détenaient en eux de meilleures solutions.

– Je changerai, lui avait déclaré Vitalin. Je changerai d'appartement, je changerai de caractère. Je t'aime, je veux vivre avec toi.

Un mois plus tard, ils emménageaient à Montmorency, dans un pavillon désuet mais confortable. Chaque jour, Vitalin aimait davantage cette compagne qui n'en finissait pas de hisser plus haut leur amour et ses exigences.

Yolande suivait l'actualité comme si le sort de l'humanité eût été le sien. Elle déplorait les violences dont elle démontait les mécanismes, s'inquiétait du retour de l'individualisme et regrettait que les hommes demandent tout des institutions sans presque rien exiger d'eux-mêmes. À ses yeux, la mondialisation en cours et le libéralisme tentaculaire préludaient à une longue période d'obscurantisme. Face à ses antiennes, Vitalin tempêtait :

– Après tout, c'est la démocratie ! Contraindre les gens à faire leur bonheur malgré eux, ce serait aller à contre-courant !

– Quand une idée est juste, répondait-elle en souriant, ce n'est pas parce qu'une majorité la réfute qu'elle devient fausse.

Quand Yolande parla pour la première fois d'Écoland, Vitalin ne comprit pas si ce mot désignait une région, un parti politique ou un système philosophique. Mais il l'associa aussitôt à un but qu'elle visait, un idéal – donc un rival – à atteindre ou à mériter.

Un soir, Yolande monta le son de la radio qui diffusait les dernières mesures du ballet de Maurice Ravel, *Daphnis et Chloé*. Les murmures contenus des chœurs jaillissaient à grands flots d'un orchestre livré à une étrange ivresse. Elle sourit.

– Écoute, Vitalin : n'est-ce pas l'expression parfaite de l'amour ?

Parce que Yolande n'usait jamais de superlatifs, Vitalin fut piqué au vif ; il décida de hisser son art et sa passion au sommet de cette œuvre. Dans son garage-atelier, il écoutait *Daphnis et Chloé*. Il enviait Ravel dont le ballet exprimait une fougue, une passion que le compositeur, durant toute sa vie, n'avait jamais avouées à quiconque et n'avait pu traduire qu'en musique.

La journée achevée, Vitalin ruminait. Il jugeait son travail décevant et ses objectifs hors d'atteinte. Le découragement alors le saisissait. Et il se demandait où Yolande pouvait puiser ce bonheur quotidien. Contrairement à lui, elle mettait le réveil à sonner, travaillait à heures fixes, rentrait tard et trouvait des satisfactions là où d'autres n'auraient vu que sujets de contrariété. Elle le valorisait sans qu'il pût surmonter son goût de l'échec. Il aurait dû comprendre plus tôt qu'elle s'étiolait à son contact. Il eut très peur le jour où Yolande lui déclara en soupirant :

– Vitalin, ça ne peut plus durer. Au lieu de t'aider, je t'égare. Et tu me détruis en croyant m'aimer. Au lieu de partager et de gâcher nos deux existences, je vais partir pour essayer de réussir ma vie toute seule.

Vitalin ne la crut pas ; même ses peurs étaient passagères.

– Et où partirais-tu ?

– Pour Écoland.

Il avait haussé les épaules. Ce mot avait la même irréalité que les derniers accords de *Daphnis et Chloé*.

Mais voici que Yolande était vraiment partie et Vitalin comprit qu'il n'aurait pas de répit tant qu'il ne l'aurait pas retrouvée.

# 2

À la terrasse du *Rendez-vous des Belges*, l'une des nombreuses brasseries qui font face à la gare du Nord, Clovisse feuilletait distraitement *L'Utopie* de Thomas More quand un homme d'une cinquantaine d'années vint s'asseoir à sa table. Il portait un costume clair élégant et affichait le visage hâlé de ceux qui entretiennent leur bronzage. Il tendit la main à Clovisse et lui adressa un sourire calibré.

– Bonjour. C'est moi qui vous ai donné rendez-vous par téléphone avant-hier. Vous avez trouvé facilement ?

– Le bistrot, oui. Le livre, non.

L'autre eut un sourire entendu, ajouta en désignant l'ouvrage :

– Oui, je sais, *L'Utopie* est difficile à trouver. Au sens propre comme au sens figuré. À l'origine, le mot latin « utopia » ne désigne même pas un monde parfait, mais un lieu qui n'existe pas... Rien à signaler ? fit-il en jetant un regard suspicieux alentour.

– Si. Un individu est venu m'offrir un verre il y a dix minutes. Il était tout juste dix-sept heures. Comme je ne savais pas à quoi vous ressembliez, j'ai hésité avant de l'évincer.

– Pardonnez-moi pour le retard. Maintenant, vous savez à quoi je ressemble.

L'homme guetta sur le visage de Clovisse une indulgence qu'elle lui refusa. Pour cacher son dépit, il eut un rire de défi.

– Nous ne sommes pas à égalité, mademoiselle. Vous ignorez tout de moi ; mais de vous, je connais absolument tout…

Devant la gare, un tram bondé s'arrêta pour déverser un flot de voyageurs pour la banlieue. Le véhicule, autopiloté, repartit à vide. Comme Clovisse le suivait du regard sans répondre à son interlocuteur, celui-ci reprit :

– Vous avez vingt-trois ans. Vous êtes la fille unique du député Maurice Rigoulet, qui dirigeait une grande entreprise de textile. Il y a cinq ans, vous avez participé à la campagne électorale de votre père. Il a été réélu.

Clovisse ne répondit rien. Le regard dans le vague, elle se contentait de boire son café à petites gorgées.

– Vos ennuis ont commencé peu après. Votre père a fait faillite. Il s'est suicidé. Vous avez interrompu provisoirement vos études. Vous êtes venue vivre à Paris. Vous y avez découvert le chômage, la solitude, l'incertitude du lendemain… Est-ce que je me trompe ?

– Je suppose que vous avez besoin de mes services ? demanda Clovisse. Si ce n'est pas le cas…

Elle se leva, irritée. Aussitôt, l'inconnu lui fit signe de rester assise. Il marqua un long temps de silence avant de reprendre :

– Sans vous avoir jamais rencontrée, je vous ai reconnue parmi les consommateurs de ce bistrot. Dans une heure, nous nous quitterons et nous ne nous reverrons sans doute jamais. C'est une situation… grisante, vous ne trouvez pas ?

– Non.

Dépité, il accusa le coup tandis qu'elle lui jetait un regard courroucé. Elle n'avait pas envie de perdre son temps, ni de se laisser séduire.

– Qu'attendez-vous de moi cette fois-ci ?

Un an après le décès de son père, Clovisse avait été contactée par un des anciens actionnaires de la société Rigoulet, récemment promu au ministère de l'Intérieur. Il lui avait proposé d'effectuer de petites missions ponctuelles : rapporter à Paris des documents qu'elle allait chercher à Moscou, Genève ou Tel-Aviv ; surveiller pendant quelques jours les allées et venues d'un responsable syndical ; se rendre à la réception organisée par un attaché d'ambassade pour y glaner un renseignement précis.

Clovisse ignorait qui l'employait et ne cherchait pas à le savoir. Elle s'était réinscrite à l'université, plus par désœuvrement que par intérêt : ses rétributions irrégulières, mais substantielles, lui avaient permis de retrouver un luxe dont elle s'était crue définitivement privée.

– Eh bien, que dois-je faire ?

À la sécheresse du ton, l'homme jugea bon de reprendre l'avantage :

– Découvrir Écoland.

L'arrivée du serveur permit à Clovisse de dissimuler son trouble. Elle demanda un café serré ; son interlocuteur commanda une bière et paya.

– Écoland n'existe pas, dit Clovisse avant d'avaler cette fois son café cul sec, sans sucre. C'est une utopie. Et vous le savez bien.

– Nous savons qu'Écoland existe.

Elle marqua un temps avant de hocher la tête. Bien que l'affirmation de l'inconnu la heurte, elle ne la mit pas en doute.

– Plus exactement, précisa-t-il, nous savons qu'existent, quelque part en France, regroupés, des individus qui se réclament d'un mouvement ainsi baptisé. Qui et combien sont-ils ? Où et de quelle façon vivent-ils ? Voilà ce que nous voulons apprendre.

– Eh bien faites appel à vos services spécialisés ! Ils vous permettront de localiser plus vite et plus facilement que moi ce… cet Écoland.

– Je pourrais vous répondre que vous n'avez pas de conseils à nous donner. Pourtant je préfère vous l'avouer : les services que vous évoquez ont été utilisés. Ils sont d'ailleurs toujours à l'œuvre. Mais ils n'aboutissent pas.

Elle eut un haussement d'épaules désabusé.

– Et vous pensez que moi, je pourrais y parvenir ?

– Oui. Parce que vous ne faites pas partie de nos services officiels. Vous êtes jeune, discrète, efficace. Vous fréquentez le milieu étudiant. On ne se méfiera pas de vous.

– Il me faudrait quelques précisions, risqua-t-elle. C'est une secte ?

– Non. Rien de religieux ni de spirituel en Écoland. Personne n'y recrute. L'argent n'y circule pas. Aucun gourou à sa tête.

Après un instant de réflexion, l'homme ajouta à voix basse :

– Nous ne savons même pas s'il possède une tête.

– Il s'agirait plutôt d'un mouvement politique ?

– Non. C'est une organisation sans statut ni doctrine, trop discrète.

– Trop discrète ?

– Eh oui ! Des fanatiques ont des convictions, des dogmes, des dirigeants. Ils agissent, distribuent des tracts, commettent des attentats. On finit par les localiser, les combattre. Ici, ce n'est pas du tout le cas.

Clovisse haussa les épaules.

– Dans le langage courant, Écoland est devenu synonyme d'utopie. Or ni vous ni moi n'avons intérêt à ce que je poursuive une chimère !

Une fois encore, elle se leva. L'autre s'empressa d'ajouter :

– Je vais vous livrer ce que nous savons. Les premiers balbutiements d'Écoland datent de juillet 2001. Cela ne vous rappelle rien ?

Elle s'assit sans répondre.

– Du 20 au 22 juillet 2001, précisa-t-il, eut lieu à Gênes une réunion du G8, les pays les plus riches du monde – l'occasion, pour les antimondialistes, de se regrouper par dizaines de milliers. De manifester. De débattre. D'échanger. Parmi eux, d'anciens membres de Greenpeace, beaucoup d'écologistes et des gens issus de milieux associatifs divers. Notamment, pour la France, ceux du mouvement Attac.

– Eh bien voilà !

– Détrompez-vous. Et ne souriez pas. À l'issue de ce sommet mouvementé, nous avons identifié parmi les antimondialistes la faction violente et contestataire. Nous la connaissons, la contrôlons et nous sommes parvenus à l'infiltrer. Mais un autre mouvement semble être né à ce moment-là. Au début de l'année suivante, on retrouve sa trace à Porto Alegre, au Brésil. Mais depuis, il a changé de forme et de lieu plusieurs fois. Voilà ce que serait Écoland.

– Que voulez-vous à ces gens ? Les contacter ? Les utiliser ? Anéantir leur mouvement ?

Son interlocuteur hésita. Connaissait-il lui-même la réponse ?

– Mademoiselle, quel que soit le pouvoir en place, il se résigne mal à ce que s'organise sur son sol une société parallèle clandestine. Sans la condamner, ne vous paraît-il pas légitime qu'il veuille la connaître ?

Il laissa couler un silence avant de murmurer, contrarié :

– Je vous en ai beaucoup trop dit. Cela risque de fausser votre enquête.

– Vous possédez bien quelques indices ? Un début de piste ?

– Rien qui vous soit utile. Débrouillez-vous. Il nous faut des noms, des dates, des faits. Des rapports. Et surtout, un lieu.

– C'est une mission… hasardeuse, et qui risque de se prolonger !

L'homme posa sur la table une chemise bleue fermée par deux élastiques.

– Voici de quoi commencer vos recherches. C'est le quart de ce que vous recevrez si vous aboutissez – et le plus tôt sera le mieux. N'hésitez pas à vous déplacer. Envoyez-nous vos justificatifs de frais. Et des rapports précis, chaque semaine, à l'adresse qui figure sur l'enveloppe.

L'inconnu acheva sa bière à petites gorgées, sortit une cigarette, l'alluma comme pour passer à l'essentiel de l'entretien.

– Vous acceptez ?

– Oui.

Clovisse se leva, glissa le dossier sous son bras, serra la main de l'homme qui, pris au dépourvu, fit mine de se lever et n'eut que le temps de bredouiller :

– Eh bien au revoir, Clovisse !

Elle quitta le *Rendez-vous des Belges* sans se retourner, faillit héler le taxi qui passait devant elle, renonça et s'engouffra dans la première bouche de métro. Elle sauta dans la rame au moment où les portes se refermaient. Ce moyen de transport, devenu gratuit, lui plaisait grâce à la foule bigarrée qu'elle y côtoyait.

Assise sur un strapontin, elle ouvrit la chemise. Elle contenait une grosse enveloppe de papier kraft, format commercial, au nom d'Étienne Dupuis. L'adresse était celle d'une poste restante dans le quatrième arrondissement.

Clovisse savait que l'homme du *Rendez-vous des Belges* ne s'appelait pas Étienne Dupuis. Le véritable Étienne Dupuis était peut-être un employé au ministère, ou un simple prête-nom qui passerait prendre le courrier. S'il existait, Étienne Dupuis ne connaissait sûrement pas l'homme qu'elle avait rencontré.

Clovisse referma le dossier. Finalement, cette enquête lui plairait.

# 3

– Walter ? Yolande m'a quitté.

– Non ? Ça alors ! Vitalin ? Ne bouge pas, j'arrive !

Walter, au bout du fil, dissimulait mal le plaisir que lui procurait cette rupture. Vitalin se reprocha d'avoir appelé si vite au secours.

Il partit en quête d'une cigarette et découvrit, au fond d'un tiroir de la cuisine, un vieux paquet oublié. Oublié ? Non, il savait le trouver là, il l'avait gardé en réserve comme un chien enterre un os. Il n'avait jamais rien su jeter : ni les anciens journaux, ni les adresses périmées, ni les chaussures usagées.

Il alluma une cigarette ; le plaisir qu'il faillit en tirer fut aussitôt gommé par le remords. L'an dernier encore, fumer associait la double vertu de meubler le temps et d'occuper son corps. Hélas ! Depuis qu'il avait découvert dans cette vertu des vices, il savait qu'il ne fumerait plus jamais de la même façon qu'avant, quitte à ce que le sentiment de la culpabilité ajoutât au plaisir.

Le carillon de la porte d'entrée le fit sursauter. Il courut ouvrir.

– Ah ! Mon pauvre vieux… ça devait arriver.

Walter posa une main compatissante sur l'épaule de Vitalin. Il considéra le pavillon avec le regard d'un propriétaire qui revient dans ses meubles. Malgré son déplaisir, Vitalin admit qu'il préférait des condoléances hypocrites à sa solitude toute neuve.

Walter saisit le paquet de gauloises fripé et se laissa tomber dans un fauteuil en proclamant :

– J'ai toujours su qu'elle te quitterait.

Walter avait toujours tout su après coup : la chute du mur de Berlin, l'effondrement du communisme, l'explosion d'Internet, l'attentat du 11 septembre et la victoire du libéralisme. Américain exilé et nostalgique, Walter était un peintre raté qui ne peignait plus, un mari trompé qui n'aimait plus, un homme fini qui survivait en se dupant sur son génie, en dilapidant le salaire de sa femme et en buvant l'alcool nécessaire pour oublier précisément tout cela. Il s'était pris d'amitié pour Vitalin qu'il abreuvait de conseils contradictoires et auquel il parlait de son talent, qu'il confondait avec le sien.

L'arrivée de Yolande dans la vie de Vitalin avait espacé ses visites.

– Allons, il faut te remettre !

Il dénicha dans un placard une bouteille de whisky, s'en versa un verre plein et se mit à boire à petits coups, chaque gorgée lui inspirant des arguments de plus en plus décisifs :

– Yolande n'était pas faite pour toi... Une de perdue, dix de retrouvées... Te mettre dans des états pareils pour une femme ?... Allons, du nerf, que diable, tu as vingt-six ans et du talent à revendre !

– Walter, tais-toi, veux-tu ?

– Bon. Tu as mal, c'est ça ? Allez, explique-toi, mon petit.

Walter acheva son verre. Il avait l'instinct des ivrognes qui savent prolonger une discussion avec celui qui leur fournit l'alcool.

– J'aime Yolande. Je sais qu'elle m'aime aussi. Elle n'est pas une simple étape dans ma vie.

– Air connu. Avec Laura, tu avais le même discours.

Avant de connaître Yolande, Vitalin avait aimé Laura, une jeune prof de lettres rencontrée dans un salon du Livre. Il haussa les épaules.

– Non, Walter. Laura, pour aimer, avait besoin d'admirer. Comment aurait-elle admiré un gribouilleur versatile, influençable et rêveur ? Yolande est indulgente, patiente, attentive. À son contact, je n'ai cessé de m'améliorer.

– Yolande ? Il n'y a pas plus intransigeant qu'elle !

– Elle est tout ce dont j'ai besoin. Écoute-moi bien, Walter, il existe peut-être dix, cent, mille Yolande. Mais j'ai eu la chance de rencontrer l'une d'elles. Je l'aime. Elle est partie et je la retrouverai. Parce qu'en la retrouvant je me trouverai aussi.

Walter fit la moue. Ce discours le dépassait. Puis il remplit son verre comme pour y puiser de nouveaux arguments.

– Elle t'a dit où elle allait ?

Vitalin sortit de sa poche le message de Yolande. Il avait été griffonné au dos d'une feuille arrachée à l'éphéméride du bureau. En le lisant, Walter éclata d'un rire tonitruant.

– Mais c'est une blague !

– Non. Écoland existe. Parfois, Yolande y faisait allusion.

– Pardi ! Comme un chrétien parle du paradis. Ou de l'enfer !

– L'enfer existe, dit Vitalin.

– Allons, ne te monte pas la tête ! « Partir pour Écoland » est une expression passée dans le langage courant. Comme… aller à la chasse au dahu. Ou battre la campagne !

– Eh bien je chasserai le dahu, Walter. Et je battrai la campagne.

– Écoute, il te faut de la distraction, du mouvement. Ce soir nous allons faire la fête. Avec les copains.

Vitalin voulut protester. Mais à présent, pour arrêter Walter, il eût fallu le flanquer définitivement à la porte. Et cela supposait une énergie, une volonté que Vitalin n'avait pas, n'avait plus, n'avait sans doute jamais eues.

Walter allait et venait dans le pavillon en pays conquis.

– Dis donc, c'est tout ce que tu as au frigo ? Une bouteille de Vittel, des fruits, des œufs – moi qui n'aime que la viande et le bourgogne ! Bon, je vais te faire quelques courses... Je suis parti sans un sou, tu as quelques euros ? Eh, je te confisque tes cigarettes ! Je croyais que tu avais arrêté de fumer ?

La porte claqua et Vitalin se retrouva seul. Beaucoup plus seul qu'une heure auparavant.

# 4

Clovisse descendit au métro Étienne-Marcel et se rendit à pied jusqu'à la rue Saint-Martin où elle habitait.

On était en mai ; le ciel avait des teintes d'aquarelle et le vent y poussait des nuages qu'on eût dit repeints de frais. Réservées depuis peu aux véhicules prioritaires, les rues étaient envahies par des nuées de vélos qui s'écartaient sans vergogne des pistes cyclables où ils auraient dû circuler. Les tentes des marchands et de jeunes arbres en fleurs donnaient à ce quartier un air de guinguette.

Clovisse jeta un coup d'œil distrait à l'indicateur de pollution, dont le chiffre était stable et le taux d'ozone acceptable. Puis elle rejoignit, au septième étage d'un immeuble de grand standing, son minuscule deux-pièces dont les fenêtres donnaient sur le centre Pompidou. Songeuse, elle s'accouda au balcon et considéra la foule qui s'agitait en contrebas. Elle aimait ce pigeonnier de luxe qu'elle avait acheté comptant avec l'argent de sa précédente mission. C'était son troisième appartement.

Elle avait confié la gestion des deux premiers à une agence ; chaque mois, les loyers venaient grossir son portefeuille d'actions. Dans quelques années, elle aurait accumulé assez de biens pour vivre de ses rentes. Elle ne commettrait pas les erreurs de son père qui n'avait cessé d'investir dans son entreprise.

Elle voulut chasser l'image de la fabrique qui au contraire s'imposa, et fit ressurgir d'autres souvenirs plus lointains…

Son enfance avait été douillette. À l'adolescence, elle s'était révoltée et avait accusé son père d'exploiter ses ouvrières. Chaque soir, elle lui rabâchait qu'elle allait arrêter ses études, travailler en usine, militer et lutter au sein d'un mouvement syndical.

Un jour, elle sécha les cours du lycée, flâna toute la matinée en ville, s'offrit une toile et passa le reste de l'après-midi avec des camarades de classe à la terrasse d'un café. Elle rentra peu avant vingt-deux heures. Son père, qui achevait de dîner, lui déclara :

– Très bien. Fais ta valise. Demain tu travailles.

Le soir même, il la conduisit, à trente kilomètres de là, dans un village aux maisons de briques alignées, où la famille Lumet la reçut avec un respectueux effroi. On se coucha tôt ; elle dormit seule dans une petite chambre tandis que les deux filles du couple se serraient dans le mauvais canapé-lit de la salle de séjour.

On la réveilla à trois heures. Il lui fallut, comme Mme Lumet et ses filles, s'habiller en silence et partir en vélo.

Un crachin glacé les fouetta pendant une demi-heure, le temps de rejoindre, près de la route nationale, l'auvent où trente ouvrières avaient garé leurs bicyclettes.

Le car des lainières arriva presque aussitôt. Elles montèrent. À l'intérieur, beaucoup somnolaient. Il n'y avait que des femmes. Clovisse se rendormit aussitôt, au rythme des cahots et des arrêts, nombreux. Il était quatre heures et demie quand le car se rangea parmi d'autres sur le parking de l'usine.

Il pleuvait dans la nuit. Le temps de traverser la cour, Clovisse fut trempée. Avec ses compagnes, elle ôta ses vêtements mouillés, enfila une blouse. Puis toutes allèrent boire un café dans la cantine. Ici, enfin, il faisait chaud. Une odeur de suint et de chien mouillé la prit à la gorge. Le café était âcre, léger mais brûlant. Autour d'elle, les femmes riaient, plaisantaient. Clovisse était l'objet de questions auxquelles Mme Lumet répondit évasivement : son patron avait exigé que sa fille garde l'anonymat.

À cinq heures, la sirène hurla. Clovisse était fébrile, transie, épuisée ; sa journée commençait.

Elle pointa et entra avec les ouvrières dans l'usine, plongeant pour huit heures d'affilée dans un univers proche des pires caricatures du travail au

XIX$^{e}$ siècle : un enfer de poussière, de fracas et de mouvement.

Mme Lumet et ses filles travaillaient face aux dévideuses automatiques qui dégorgeaient des pelotes de cinquante grammes. On apprit à Clovisse comment mettre les machines en route, retirer les pelotes et les étiqueter. Pendant que les dévideuses débitaient la laine, les ouvrières devaient trier, empaqueter et ranger les boîtes. Un travail répétitif et rapide, récompensé par une prime au rendement.

Trois rangées derrière elle, une contremaîtresse les surveillait, aboyant quand l'une d'elles s'interrompait, ralentissait ou échangeait une phrase avec sa voisine. Elle aussi avait des consignes, car malgré la lenteur, la maladresse, les erreurs de Clovisse dont Mme Lumet guidait inlassablement les gestes, jamais elle ne se permit la moindre remarque.

À treize heures, peu avant la fin du travail de l'équipe, la silhouette de son père se profila à l'entrée de l'atelier.

On vint la chercher. Elle se rhabilla seule, en silence, la gorge nouée par la fatigue, la tension nerveuse et irritée par les particules de laine en suspension. Elle abandonna sa blouse dans le casier métallique de Mme Lumet.

Elle savait qu'elle ne reviendrait plus à l'usine. Elle se demanda ce que ressentait une femme qui, depuis trente ans, accomplissait ici les mêmes gestes et voyait ses propres filles les accomplir.

Son père l'accueillit dans son bureau, sans un sourire mais avec une tendresse à peine contenue. Il la fit asseoir ; elle voulut parler.

– Non, déclara M. Rigoulet. Laisse-moi t'expliquer d'abord. Tu vois, elles sont deux cent soixante-dix. Je les paie au SMIC. Et moi je vis bien parce que ton grand-père m'a laissé cette fabrique. Je la gère pour faire des bénéfices, mais aussi pour que tu fréquentes un bon lycée privé, que tu fasses du cheval et partes l'hiver à la neige.

Il regarda par la fenêtre l'usine d'où sortait maintenant l'équipe du matin. Quelque chose se noua dans sa voix quand il dit, sans la regarder :

– Je voulais que tu saches, Clovisse, si tu devenais ouvrière ici – ici ou ailleurs – tu serais au chômage l'an prochain. Depuis ces dernières années, la concurrence des pays d'Extrême-Orient me conduit droit au dépôt de bilan. Je suis l'un des derniers à tenir, mais je ne tiendrai plus longtemps.

Il se tourna vers elle et poursuivit d'une voix ferme :

– En principe, je devrais maintenant te déclarer, ma fille, fais ce que tu veux ! et te laisser un choix qui serait illusoire. Mais ce choix, je ne te le laisserai même pas. Parce que je t'aime, Clovisse.

– Moi aussi, dit Clovisse, je t'aime, papa.

Elle s'était jetée dans ses bras. Elle avait pleuré, il avait pleuré lui aussi, et ils avaient regardé les ouvrières qui sortaient de l'usine, harassées. Elles riaient en se tenant par la taille.

Aujourd'hui, quand elle repensait à cette scène, Clovisse serrait les dents et les poings. Après cette journée, elle avait repris le collier au lycée ; elle avait envoyé, geste dérisoire, des fleurs à la famille Lumet.

Au début de l'année suivante, son père était réélu député. Six mois plus tard, l'entreprise était placée en liquidation judiciaire. Le soir où il l'apprit, Maurice Rigoulet se donnait la mort, dans le bureau où il avait reçu sa fille.

Le monde avait changé de visage. Aujourd'hui, l'usine était rasée et remplacée par un hypermarché. Mme Lumet et ses filles passaient sans doute leurs journées devant la télévision, l'une à la retraite anticipée, les autres au chômage. Et Clovisse avait changé d'objectif. Elle était montée à Paris pour y entreprendre des études de droit, avec la ferme intention, non plus de gagner sa vie, mais de gagner dans la vie. De jouer des coudes, de se battre, de tricher, d'écraser les autres au besoin – de se trouver, toujours, dans le bon camp. Elle n'imaginait plus une autre activité que celle qu'elle exerçait aujourd'hui.

Sur le plateau Beaubourg, un cracheur de feu ameutait les badauds de sa voix rauque ; des portraitistes installaient leurs tréteaux ; un groupe de nucoloristes bigarrés provoquait des gardiens de la paix blasés – depuis un an, cette pratique naturiste citadine à la mode était autorisée.

Plus loin, un baladin excitait son singe qui venait se percher sur les épaules des passants effarouchés.

Clovisse ne se lassait pas de cette fête permanente qui offrait sans cesse un visage différent. Elle avait besoin de l'anonymat de cette ville dont la vie grouillante la rassasiait. Seul le spectacle de l'océan pouvait la combler ainsi.

Avec l'argent de cette mission, elle achèterait un studio sur la Côte. Elle préférait les petits appartements aux grandes propriétés difficiles à revendre ou à louer.

Mais il lui fallait découvrir Écoland.

Habituellement, une nouvelle mission l'excitait. Or celle-ci soulevait en elle une vague angoisse. En cas d'échec, elle savait qu'on ne ferait plus appel à elle. De toute façon, ses mystérieux employeurs la lâcheraient un jour sans indemnité ni motif.

– Écoland existe, affirma-t-elle à voix haute. Il existe puisqu'on me paie très cher pour le découvrir.

Elle ferma la fenêtre, alla consulter les dictionnaires et les encyclopédies de sa bibliothèque. Écoland n'y figurait pas.

Elle alluma son ordinateur moléculaire, acheté le mois précédent. L'objet, moins volumineux qu'une tasse, projeta sur le bureau deux faisceaux lumineux qui tenaient lieu l'un d'écran et l'autre de clavier. En deux secondes, elle se connecta à Internet où, grâce à sa fonction clandestine, elle surfait sans qu'on l'identifie.

Écoland ne possédait aucun site. Poussant ses investigations plus loin en livrant ce mot-clé au moteur de recherche, elle fut submergée par des informations fantaisistes émanant de plaisantins ou de rêveurs.

Elle renonça. Les collègues de celui qui se faisait appeler Étienne Dupuis avaient sûrement entrepris cette prospection depuis belle lurette ! Et le service de surveillance informatique devait vite identifier les internautes utilisant ce mot-là.

Un moment, elle fut tentée d'appeler le ministère de l'Intérieur afin de demander : « Avez-vous des renseignements sur Écoland ? »

Le téléphone sonna.

– Clovisse ? Eh, tu n'es pas venue à la fac aujourd'hui ! On se voit demain ?

– Non.

– Bon. Alors on dîne ensemble ce soir.

– Non, René. D'ailleurs, tu ne me verras pas la semaine prochaine.

– Ah ! Encore tes affaires de famille ?

Elle justifiait ses absences et son niveau de vie en prétendant gérer elle-même les biens familiaux. René, fils d'un avocat de renom, était un garçon cultivé et plein d'humour dont elle appréciait la compagnie et la discrétion.

– René, ton père a de nombreuses relations au palais de Justice ? Rends-moi donc un service, essaie de les brancher sur Écoland.

– Écoland ?

– Il existe. Quelque part en France. Où ? Quelqu'un a peut-être la réponse à cette question parmi les gens que ton père fréquente.

– Tu veux dire ses collègues ?

– Plutôt les gens mis en examen. De jeunes détenus… que sais-je !

– Et l'on peut gagner des millions ?

– Même pas. Seulement mon estime. Éventuellement mon affection.

Après trois secondes de silence, l'autre affirma :

– Je ferai mon possible. Mais je ne te promets pas un dossier exhaustif pour demain !

– Tu es un amour. Dès que tu as des éléments de réponse, je t'autorise à m'inviter au restaurant.

Elle raccrocha. Prise d'un doute, elle saisit son vieil atlas. Écoland ne figurait pas à l'index, évidemment. Un lieu, avait affirmé l'inconnu du *Rendez-vous des Belges*. Quelle taille pouvait avoir ce territoire ? Combien de personnes abritait-il ?

– S'il avait dix kilomètres de côté, calcula-t-elle tout haut, cela représenterait cent kilomètres carrés. De quoi contenir une ville, quinze villages, des montagnes, des forêts…

La France était cinq mille fois plus vaste. Nul doute que les brigades de gendarmerie de chaque région du pays avaient reçu la consigne d'interroger et surveiller les habitants. Et leurs investigations n'avaient rien donné ?

Elle dormit mal et fit un rêve étrange. Sur le plateau Beaubourg, au milieu d'une foule dense, quelqu'un brandissait une pancarte sur laquelle était écrit, en lettres manuscrites, ÉCOLAND. Clovisse savait que cet inconnu en possédait la clé et que s'agglutinaient autour de lui tous ceux qui cherchaient à s'y rendre. Un inconnu ? Non, c'était le baladin qui tenait la pancarte ! Mais elle ne parvenait pas à le rejoindre. Elle était refoulée vers les bords de la place, au pied des immeubles qui, délabrés et déserts, s'effondraient doucement. Elle comprit tout à coup que ces bâtiments étaient ceux de l'usine de son père ; et les gens qui se pressaient autour de la pancarte étaient les ouvrières de la filature.

Elle se réveilla en sueur, se leva, ouvrit la fenêtre.

Il était trois heures du matin. Le centre Pompidou ressemblait à un paquebot illuminé dans la nuit. La place vide répercutait l'écho de lointains fêtards attardés.

Clovisse attendit le jour accoudée au balcon, guettant, parmi les premiers touristes, l'arrivée du baladin.

Quand il apparut, elle constata qu'il ne portait pas de pancarte. Elle fut surprise d'être déçue.

# 5

– C'est une façon originale de rompre, dit Laura.

– Au moins, elle n'est pas partie sans laisser d'adresse ! ironisa Simon Gruau.

Il tendit le message de Yolande à Claudius.

Vitalin jeta à Walter un regard de détresse que seule Juliette aperçut. Avec ses vingt ans, ses silences et son visage de poupée trop maquillé, elle l'agaçait moins que ses amis qui rivalisaient d'astuces et de répliques cinglantes. Spectateur docile et désespéré, Vitalin se demanda ce que faisaient chez lui son ancienne amie Laura flanquée de son récent mari – Claudius, agent immobilier – et l'écrivain Simon Gruau, plus habile à parler de ses futurs livres qu'à les écrire.

– Eh, Claudius, tu fais une analyse graphologique ? s'impatienta Walter. C'est une notification de rupture, pas un sujet de dissertation !

– Il y aurait de quoi disserter, dit Claudius. Écoland a existé.

Vitalin sentit son cœur battre beaucoup plus

fort. Il bondit sur son siège, se tourna vers Walter et lui lança :

– Tu vois bien ! Claudius, que sais-tu d'Écoland ?

– Vous vous souvenez de ce navire qui a coulé en rade de Toulon l'an dernier ? Il transportait des déchets nucléaires destinés à être retraités. À l'époque, ce sabotage avait été revendiqué par Écoland. La presse en a longuement parlé.

– Pendant deux jours, dit Laura. Un démenti a suivi. Puis Écoland est tombé dans l'oubli – et dans le langage courant.

– Mais Écoland, n'était-ce pas un… un projet de société ? insista Vitalin.

– Oh, fit Simon Gruau, aujourd'hui tu sais bien que les seules sociétés intéressantes sont les sociétés par actions.

Vitalin foudroya l'écrivain du regard. Il se tourna vers Claudius qui se racla la gorge avant d'approuver à retardement :

– C'est ça, une utopie héritée des grands théoriciens du XIXe siècle et destinée à contrer la politique aveugle et destructrice du libéralisme. Un projet dont l'objectif était, au-delà de la protection de l'environnement, le partage et la gestion rationnelle des richesses de la planète. Et ce, au moyen de toutes les sciences.

– Joli programme, approuva Simon Gruau en ricanant. Au siècle dernier, dans les pays de l'Est, l'application de ce genre de théories a failli mener l'humanité à la catastrophe.

– Simon, tais-toi, s'il te plaît ! fit Vitalin. Claudius, où as-tu lu tout ça ?

– Oh, je n'ai rien lu. Je te résume ce que j'ai entendu dire d'Écoland.

– Et toi Juliette, demanda Simon, qu'est-ce que ce mot t'évoque ?

– Un pays froid.

Sa réponse déchaîna les rires – sauf ceux de Vitalin qui, vaincu, accepta le rôle de celui qui écoute. Simon se lança dans son sujet préféré : son prochain roman, qu'il peaufinait depuis cinq ans.

– Que de temps perdu ! jeta Claudius impatient.

– C'est ce qu'il a fallu à Flaubert pour écrire *Salammbô* ! affirma Simon.

– Mais Flaubert n'écrivait pas une heure par semaine, objecta Laura.

– Oh, je pourrais écrire une petite merde en six mois. Mais il faut dix ans pour produire un chef-d'œuvre.

– On peut aussi mettre dix ans pour pondre une petite merde, dit Laura qui avait lu le dernier roman de Simon.

Vitalin se sentait plein d'indulgence pour ses amis. C'était pour lui après tout qu'ils effectuaient ce numéro, pour dissiper son désarroi et le distraire de sa peine.

– Regardez ! lança Claudius. Un western ! On regarde ?

C'était une série B des années 1950, dont ils apprécièrent les émouvantes médiocrités. Juliette rejoignit Vitalin sur le canapé et lui prit gentiment la main. Son aigreur naissante fondit d'un coup.

Quand les bouteilles furent vides, Simon proposa de lever le camp.

– Tu nous raccompagnes en voiture, Vitalin ?

Ils s'entassèrent dans son vieux break. Le périphérique était fermé mais Paris ouvert à la circulation depuis minuit. Vitalin s'engagea dans des rues désertes, emprunta deux sens uniques, avoua qu'il s'était égaré.

– C'est l'aventure ! s'écria Laura. À mon avis, Écoland n'est pas loin.

À l'arrière, Simon ronflait sur l'épaule de Claudius. Vitalin sentait la chaleur de Juliette qui se rapprochait de lui, poussée par un Walter ravi.

Soudain, ils arrivèrent en vue du métro aérien. C'était Barbès.

– À ce rythme, s'exclama Walter, nous traverserons la Seine à l'aube !

Le moteur cala, ils étaient en panne d'essence. Claudius ouvrit la portière, mais c'était pour laisser vomir Simon. La puanteur envahit le véhicule qu'ils évacuèrent en hâte.

– Bon, dit sèchement Claudius. On prend le métro ?

Le break fut poussé sur un trottoir, verrouillé, abandonné. Simon, qui habitait à deux pas et ne se soûlait qu'une fois par mois, cherchait un bistrot pour y boire un dernier verre. La nuit était traversée de mélopées arabes, d'odeurs de graisse de mouton, de parfums exotiques.

– Ah, respirez ! dit Laura. Ici, on trouve le monde résumé. L'Algérie, le Maroc, le Vietnam, le Pakistan, les Antilles… Quel quartier !

– Viens l'habiter ! grommela Simon avant d'entrer dans son immeuble.

Ils repartirent à pied. Le sol était jonché d'étrons et de papiers gras. Çà et là, des pyramides de cartons dissimulaient des SDF endormis.

Quand ils arrivèrent là où habitaient Claudius et Laura, Walter leur réclama l'hospitalité. À cette heure, sa femme refuserait de lui ouvrir la porte. Vitalin se retrouva seul avec Juliette ; ils se heurtèrent à la grille du métro. À Pigalle, ils partagèrent un taxi collectif avec des touristes.

Vitalin murmura :

– Où veux-tu être déposée ?

– Ça t'ennuierait que je vienne dormir chez toi ?

À deux heures du matin, le spectacle de la salle de séjour lui sembla plus que décourageant, insupportable. Vitalin le contempla longtemps.

– Ne t'en fais pas, dit Juliette. Je rangerai demain. Viens au lit.

Elle l'entraîna. Mais elle n'avait pas l'intention de dormir. Vitalin se rebiffa :

– Écoute, Juliette, tu es une fille très sympa. Mais voilà, c'est Yolande que j'aime. Je n'ai aucun sentiment pour toi.

– Je ne te demande rien. Est-ce que je t'aime, moi ?

Vitalin soupira. Docilement, il la suivit dans la chambre.

# 6

– Je ne peux pas vous répondre par téléphone. Vous devez venir vous-même à l'Institut géographique national pour entreprendre cette recherche.

– Très bien, j'irai, dit Clovisse avant de raccrocher.

Depuis trois jours, elle accumulait les échecs. Il est vrai qu'elle n'était pas sortie, persuadée que les clés d'Écoland se trouvaient ici, à portée de main, cachées dans la mémoire d'Internet ou disponibles grâce à un numéro de téléphone.

Son regard se perdit dans la blancheur du mur, glissa sur le canapé, blanc lui aussi, et s'arrêta sur les deux bibelots fétiche qu'elle avait sauvés du naufrage familial : une pierre et une vieille montre de gousset en or.

La pierre était une améthyste grosse comme un poing d'enfant. Sciée en son milieu, elle livrait un cœur lisse et coloré comme un marbre, au centre duquel brillait une sorte d'œil divin et monstrueux. Clovisse avait toujours connu ce caillou, elle lui vouait un attachement inexplicable et idolâtre. Ce qui la séduisait, c'était l'impression de pérennité et de force qui s'en dégageait. L'éternité comme l'éphémère la fascinaient. Or l'améthyste défiait le temps ; elle était le symbole d'un cosmos dont elle recélait le secret des origines.

Quant à la montre, seule rescapée de la vente publique des biens de la famille Rigoulet, elle fonctionnait. Elle retardait ou elle avançait, Clovisse ne savait plus très bien. Aussi ronde et parfaite qu'un galet poli, elle rythmait le temps de son tic-tac têtu. Didactique instrument, elle était le métronome battant la mesure d'un monde à ordonner. Il semblait à Clovisse que cette montre seule indiquait le temps vrai et que sans elle l'univers, devenu fantasque, se fût aussitôt détraqué. Oui, cette montre domptait l'effervescence d'un univers dément. Qu'elle s'arrête et le néant surgirait, l'immobilité, l'éternité, le silence.

Clovisse prit en main les deux objets étranges et familiers. Une nouvelle fois, leur parenté lui sauta aux yeux : même forme, même poids, même aspect. Elle se demanda quel lien mystérieux les unissait et les reliait à elle.

Après que Clovisse eut pianoté le mot « Écoland » sur le clavier du vieil ordinateur de l'Institut géographique national, l'écran afficha : « Données insuffisantes. »

Elle demanda l'accès au catalogue des cartes.

Écoland n'y figurait pas. Elle exigea de rencontrer un responsable qui grommela :

– Si l'ordinateur ne peut vous renseigner, vous croyez que j'en saurai plus que lui ?

– Vous avez des archives ?

– Tout a été mis en mémoire.

– Même vos renseignements les plus récents ?

De mauvaise grâce, on lui confia trois caisses de documents qu'elle passa la matinée à éplucher. Elle fut interrompue par l'arrivée d'un vieil homme qui lui demanda l'objet de ses recherches et s'indigna :

– Mais voyons, mademoiselle, Écoland n'existe pas ! Dans quelle université travaillez-vous ? Quel est votre professeur ?

– Je… c'est un travail personnel. Une maîtrise.

– De lettres ? De philosophie ? Sûrement pas de géographie ! Allez donc vous renseigner à la bibliothèque François-Mitterrand !

Là, elle dut remplir plusieurs formulaires avant d'accéder aux fichiers informatiques. Comme elle cafouillait, un employé vint à son secours et prit sa place au clavier.

– Quel titre précis demandez-vous ?

– Aucun en particulier. Je souhaite consulter les ouvrages qui parlent d'Écoland.

– Navré, annonça l'autre après une brève recherche. Ce nom ne figure pas dans nos mémoires. Pourquoi ne consultez-vous pas les archives des journaux ou des magazines ? Ou les bibliothèques d'universités ?

Du *Monde* au *Nouvel Observateur*, d'*Atlas* à *Géo*, Clovisse passa toute la semaine suivante dans les rédactions de divers journaux et magazines. Elle interrogea des secrétaires, s'entretint avec des pigistes, fouilla des archives. Sans succès.

Au *Quotidien*, un journaliste lui jeta sans quitter son écran des yeux :

– Écoland ? Notre collaborateur Francis Berthelot y faisait allusion dans son éditorial de la semaine dernière !

Elle consulta l'article et découvrit seulement, dans la conclusion du texte : « … car la déflation et le chômage ne sont pas des maladies en soi, mais les signes cliniques du vieillissement d'une société en cours de mondialisation, une société qui n'a pas l'ambition d'Écoland. »

Elle aurait pu relever chaque jour, dans la presse, dix évocations d'Écoland dans ce style. Par acquit de conscience – car elle aimait écarter l'improbable avant d'aborder le certain –, elle téléphona le soir même à Francis Berthelot.

– Mon allusion à Écoland ? Oui, je me souviens. L'expression est passée dans le langage courant. Pourquoi cette question ? Qui êtes-vous ?

Elle raccrocha. Et la sonnerie retentit aussitôt.

– C'est René ! Clovisse, nous dînons ensemble ce soir.

– Tu as des renseignements sur Écoland ?

– Nuance : un élément de réponse. C'est bien ce que tu m'avais demandé ? Mais le plus important, c'est que j'ai déniché un restaurant sympa. Tu refuserais mon invitation ?

Elle rit et accepta.

Le lendemain, elle se leva tôt. Munie de son précieux Unipass que le père de René lui avait obtenu l'an dernier et qui lui donnait un accès prioritaire à tous les musées et bibliothèques, elle partit enquêter dans les universités de Paris. Aux bibliothécaires de la Sorbonne, de Jussieu, de Dauphine, elle se présentait comme une étudiante en maîtrise soucieuse de glaner des renseignements.

– Sur Écoland ? Quelle idée ! Qu'avez-vous trouvé ?

– Peu de choses. Je viens de commencer.

On vérifiait l'absence du mot Écoland sur le disque dur des ordinateurs ; on interrogeait les cédéroms qui répertoriaient les sujets de thèses ; parfois on sollicitait même l'aide d'étudiants, d'employés, d'assistants, de maîtres de conférences, de professeurs qui hochaient la tête ou fronçaient les sourcils, partagés entre le scepticisme et un intérêt amusé.

Trois jours plus tard, elle se résolut à élargir ses recherches aux universités de banlieue.

Le vendredi en fin d'après-midi, la bibliothécaire de l'université de Saint-Denis lui conseilla de se mettre en relation avec Nicole Vidal, une étudiante qui préparait une thèse sur l'utopie. Au secrétariat, on lui indiqua qu'en principe cette étudiante assistait en salle C 103 à un cours de littérature comparée.

Elle entrouvrit la porte de la salle.

– Pardonnez-moi. Nicole Vidal est-elle là ?

Une femme d'une cinquantaine d'années se leva, très pâle, et courut rejoindre Clovisse. Dans le couloir, mise au courant du motif de l'interruption du cours, elle respira un bon coup, très soulagée.

– Ma mère est à l'hôpital. J'avais imaginé le pire ! En fait, le sujet de ma thèse portera sur *Le Voyage en Icarie* d'Étienne Cabet. Simplement, dans mon travail, je mentionne la thèse d'un camarade de Paris XIII. Son titre doit ressembler à quelque chose comme *De la République de Platon à Écoland, la place de la femme dans les sociétés utopiques*.

– Comment s'appelle cet étudiant ?

– Je ne m'en souviens plus. D'ailleurs je ne l'ai jamais vu. Oh, je peux retrouver son nom.

– Mais sa thèse, vous l'avez lue ?

– Ma foi non. J'en ai simplement ajouté le titre à ma bibliographie.

– Ce texte… où puis-je le trouver ?

– À Paris XIII, l'université de Villetaneuse. Il en existe sûrement un exemplaire à la bibliothèque. Vous travaillez sur quoi, exactement ?

– Sur… sur Thomas More.

– Vous venez prendre un café ?

Clovisse déclina l'offre et s'esquiva, laissant Nicole Vidal repartir en cours à regret.

Clovisse passa la journée du samedi dans de multiples bibliothèques, dévorant tout ce qui, de près ou de loin, avait trait aux utopies. Le dimanche, elle rédigea un embryon de rapport destiné à Étienne Dupuis.

Le lundi, à la première heure, elle était à Paris XIII et demandait au bibliothécaire l'exemplaire d'une thèse récente portant l'intitulé : *La place de la femme dans les sociétés utopiques.*

– Une thèse ? Non. C'est un mémoire de DEA. Premier étage, deuxième rangée.

Clovisse vérifia trois fois. Aucun des manuscrits ne portait ce titre. Elle redescendit et en avertit le bibliothécaire.

– Eh bien, c'est que le mémoire a été emprunté ! fit-il, agacé.

– Par qui ?

L'homme, vissé face à un ordinateur, leva des yeux perçants par-dessus ses lunettes d'écaille ; il se battait visiblement avec un logiciel récalcitrant et semblait peu enclin à accorder un entretien. Il laissa peser un silence menaçant avant de jeter :

– Mais qu'est-ce que vous croyez, mademoiselle ?

Clovisse humidifia son regard et hoqueta en baissant les yeux :

– J'en ai besoin… tout de suite. Je soutiens ma thèse à la fin du mois. Je dois absolument consulter ce mémoire !

– Allons, calmez-vous. Si vous soutenez votre thèse, c'est que vous êtes déjà reçue. *La place de la femme...* ? Oui, je me souviens de l'étudiant qui a écrit ce texte. Zaniec ! Paul Zaniec.

Il pianota sur le clavier de l'ordinateur et jura quelques secondes plus tard face aux indications de l'écran :

– Bon sang, ce n'est pas possible ! Plus rien ne figure en mémoire, ni l'auteur ni l'ouvrage !

– Et qui l'a en main en ce moment ?

– Comment voulez-vous que je le sache ? Les noms de tous ceux qui l'ont emprunté ont disparu par la même occasion !

Clovisse regarda l'écran. Elle comprit confusément que quelqu'un était passé avant elle. Qui ? Pourquoi ? Quand ?

– Il n'existait qu'un exemplaire de ce texte ?

– Ici, oui, sans doute. Mais Paul Zaniec doit en avoir une copie.

– Qui pourrait me donner son adresse ?

– Zaniec ? fit un employé de la bibliothèque qui recouvrait des livres d'un film de plastique transparent. Il assiste à la conférence de Jean Perrot. Amphi B.

Clovisse s'y précipita et, à la sortie des étudiants, se renseigna. On lui désigna aussitôt un grand gaillard souriant entouré d'une cour de jeunes filles ; elles s'égaillèrent à l'arrivée de Clovisse.

Paul Zaniec avait vingt-cinq ans et peu de secrets à dissimuler. Il donna un ticket à Clovisse pour qu'ils déjeunent ensemble au Resto-U.

– J'aimerais lire ton mémoire sur Écoland, dit-elle comme ils faisaient la queue, un plateau en main. L'exemplaire de la bibliothèque a disparu. Moi je travaille sur *Le Voyage en Icarie*.

– J'ai prêté mon autre exemplaire à un copain, il en avait besoin pour un ami à lui. Mais rassure-toi, je vais le lui réclamer.

– Dis-moi un peu, Paul… Pourquoi avoir choisi Écoland ?

– Pas Écoland. *La place de la femme dans l'utopie.*

Clovisse réprima une grimace. Si beaucoup de travaux universitaires évoquaient Écoland, aucun n'abordait le sujet de front. Sans doute faute de matière. Ravi d'avoir une interlocutrice, Zaniec poursuivait :

– L'idée m'en est venue après la lecture de *La Cité du Soleil* de Campanella. Tu l'as lu ?

– Oui, mentit-elle. Mais dis-moi comment tu as choisi ce sujet. Et ce que tu sais d'Écoland.

– Ah, c'est toute une histoire !

Au cours du repas, Clovisse comprit vite que, chez Paul Zaniec, l'utopie tenait une plus grande place qu'Écoland, et la femme une plus grande place que l'utopie.

– Mais selon toi, Écoland existe ?

– Ça m'étonnerait. À mon avis, c'est un mythe. J'ai connu ici un étudiant qui avait quelques amis dans un groupe de réflexion se réclamant de théories écologistes. Il voulait les… rejoindre en Écoland dont c'était, paraît-il, la troisième expérimentation. Dans ce qu'il racontait, il fallait faire la part du rêve. C'était un sacré fabulateur !

– Comment s'appelait-il ? demanda Clovisse, cœur battant.

– Frédéric Klein. Quand Jean Valéry, en chaire, critiquait les utopies du XIXe, Klein l'interrompait souvent ! Un drôle de garçon. C'est lui qui a relu et amélioré mon mémoire. Dommage qu'il ait abandonné la fac.

– Jean Valéry ? Tu veux parler du secrétaire d'État aux Universités ?

– Mais oui ! À l'époque, il était prof ici. Il est devenu recteur l'année suivante. C'était lui qui dirigeait mon travail.

– En principe, il devrait avoir aussi un exemplaire de ton texte ?

– Lui et Jean Perrot, l'autre prof devant qui j'ai soutenu mon mémoire. Écoute, si on séchait les cours de l'après-midi ? Je suis sûr que nous allons trouver un film que nous avons envie de voir tous les deux.

Elle eut envie de lui jeter : tous les deux, mais pas ensemble. Elle se ravisa, elle pourrait encore avoir besoin de lui. Pour s'en débarrasser, elle accepta de lui confier son numéro de portable.

# 7

– Si l'absence de Yolande se prolonge, déclara le directeur de l'EMP d'Épinay, nous nous passerons de ses services. Elle n'est que vacataire.

Vitalin voulut réagir. Il venait réclamer du secours et on l'agressait. Pire, on s'en prenait à celle qu'il aimait. Il s'apprêtait à répliquer quand le directeur le congédia avec les mots qu'il aurait voulu lui-même prononcer :

– Prévenez-moi dès qu'elle vous donnera de ses nouvelles.

Mouché, il sortit, attendit que s'achèvent les consultations de la matinée. Dès qu'il eut repéré Jacques, il l'aborda :

– Tu as un moment ? On déjeune ensemble ?

L'ancien ami de Yolande l'écouta sans joie ni pitié. Il avoua enfin :

– Je ne sais rien. Voilà plus d'un an que Yolande ne m'a pas fait signe.

De toute évidence, Jacques était sincère. Il avait le visage d'un jeune premier, le corps musclé d'un gymnaste et des gestes élégants et doux. Vitalin s'étonnait d'avoir été préféré à lui. Il insista timidement :

– Et Yolande ne t'a jamais parlé d'Écoland ?

– Elle n'a jamais prononcé ce mot devant moi. Quand elle l'a fait, pourquoi ne lui as-tu pas demandé où se trouvait cette région ?

– Oh, je ne suis pas certain qu'elle le savait elle-même !

– Aujourd'hui, dit Jacques, le regard lointain, elle le sait. Et elle y est.

– Qu'est-ce qui te rend si sûr de toi ? répliqua-t-il, stupéfait.

– Allons, tu la connais. Qu'a-t-elle dit qu'elle n'a pas fait ?

Vitalin acquiesça. Yolande était aussi opiniâtre qu'il était velléitaire. Il revint au pavillon, amer, découragé. Oui, Jacques avait raison. Aujourd'hui, Yolande était en Écoland. Heureuse. Sans lui.

– Je trouverai, murmura-t-il à voix basse. Je trouverai l'un et l'autre.

Combien de fois Yolande lui avait-elle affirmé que plus les épreuves étaient dures, plus grande était la joie qui, au bout, en jaillissait ?

Juliette avait rangé le séjour. Elle faisait la vaisselle avant de rejoindre le salon de coiffure d'Enghien où elle travaillait. Vitalin erra de pièce en pièce. Il en voulut à Juliette de ne lui avoir laissé aucun motif de reproche. Ses yeux tombèrent sur *Prisonniers du paradis* d'Arto Paasilinna, un roman que Yolande avait lu et dont elle lui avait parlé. Il le feuilleta puis le lut à son tour, soucieux d'y dénicher un indice, une page cornée, un passage souligné. Quand Juliette vint l'embrasser, il fut irrité d'être interrompu et lui lança sèchement :

– Salut. Et merci.

– Oh, ce n'est rien ! bredouilla-t-elle dans un sourire avant de refermer la porte.

Aussitôt il s'en voulut et faillit sortir et la rattraper pour s'excuser. Il était coutumier du fait. Machine à regrets, il n'était aimable qu'à retardement et affectueux qu'en secret. Qu'est-ce qui le poussait à barricader ses sentiments, à étouffer ainsi ses élans ? Un jour, Yolande lui avait confié : c'est quand les gens sont là, vivants, qu'il faudrait leur dire qu'on les aime.

En ouvrant le tiroir du secrétaire, il tomba sur le carnet d'adresses de Yolande. Elle ne l'avait pas emporté ! Il aurait dû s'en réjouir, mais il y devina un geste définitif. Elle avait brûlé ses vaisseaux avant de partir.

Il passa de longues heures à téléphoner aux amis chez qui elle aurait pu se rendre ou à qui elle aurait pu se confier. Mais Yolande était de celles qui écoutent les confidences sans en faire. Il ne fut pas étonné d'apprendre qu'elle n'avait prévenu personne. On lui demandait invariablement : « Ah bon, elle est partie ? Mais pourquoi ? Depuis quand ? Et où est-elle allée ? »

Il se résignait alors à évoquer Écoland. Mais il semait le doute et soulevait l'ironie. Très vite, il ne téléphona plus – sauf, chaque dimanche, à une vieille tante de Yolande qui était sa seule famille et à laquelle elle aurait pu donner de ses nouvelles.

Devant sa planche à dessin, il se surprenait parfois à esquisser les traits de la jeune femme, comme pour mieux raviver son souvenir.

Peu à peu, dans son esprit tourmenté, le nom de Yolande se confondit avec celui d'Écoland.

Souvent incapable de se concentrer sur son travail, il allait à Paris, flânait dans les gares, guettait les départs des bus, étudiait les destinations dans les aéroports, interrogeait les employés des agences de voyages. Il n'obtenait que des sourires goguenards, des réponses amères ou sarcastiques :

– Si je vendais des billets pour Écoland, croyez-moi, il y aurait la queue !

– Écoland ? Quand vous saurez où c'est, revenez donc me le dire !

Il se lassa qu'on le rabroue avec tant de vigueur et d'incrédulité.

Juliette prit l'habitude de rester chaque soir une ou deux heures, au pavillon. Puis elle y dormit deux fois par semaine. Enfin, elle s'y installa définitivement.

Pendant ses heures de liberté, elle venait avec un téléviseur portable tenir compagnie à Vitalin qui transpirait en silence sur sa planche à dessin. Là, oisive et bavarde, elle se régalait de clips, de pubs, de jeux et de séries américaines. Elle adorait les présentateurs et les visages nouveaux, critiquait les coiffures, la couleur des cravates ou des robes, s'esclaffait au moindre bégaiement.

Il arrivait qu'elle admît : « Qu'est-ce que ça peut être bête ! » ou « Il n'y a vraiment rien à la télé cet après-midi ! » Mais, au lieu d'être de bonnes raisons pour couper l'émission, ces jugements devenaient des prétextes à la regarder jusqu'au bout comme pour en vérifier la débilité.

Juliette irritait Vitalin. Elle pouvait passer des heures à s'occuper d'elle-même, extirper un point noir, se gratter un bouton, le percer, le badigeonner d'alcool. Cependant elle l'attendrissait avec ses attentions, sa gentillesse, sa patience, cet amour naïf et débordant dont elle l'inondait jusqu'à l'écœurement. Le seul compliment qu'il lui accordait parfois était, dans un soupir :

– Tu es gentille.

Elle y répondait par un sourire résigné. Il réfrénait alors son envie de manifester envers elle une tendresse qu'il jugeait indécent d'exhiber.

Peu à peu, Vitalin s'enlisa dans un éprouvant purgatoire. Il perdit le goût pour son travail. Autrefois, commencer n'était rien, c'est achever qui lui pesait ; désormais, il redoutait même d'entreprendre. Malheureux, il s'étonna de peindre encore plus mal. Il croyait que le bonheur était l'ennemi juré du génie, et qu'on ne créait vraiment que dans la douleur.

Il pensa qu'il dessinerait mieux en dessinant moins.

Il flânait, fumait, dormait, buvait beaucoup et mangeait peu. Il affirmait « Je me réserve » et tomba dans une médiocrité que ses amis approuvèrent, car ils aimaient qu'il leur ressemblât.

Un soir qu'il dînait chez Walter, ce dernier lui lança jovialement :

– Avoue que Juliette est mignonne ! Moi je trouve que tu y as gagné !

Alors Vitalin mesura l'étendue de sa lâcheté. Walter l'avait rendu si semblable à lui qu'aujourd'hui il se détestait.

Il revint dans son pavillon, s'enferma à clé, débrancha le téléphone, se doucha, se rasa puis rangea l'atelier. Il se promit d'arrêter de fumer, de mettre le réveil à sonner, de déserter les cafés. Il reprit une vieille planche de BD et s'imposa de ne pas se coucher avant de l'avoir achevée.

Il l'acheva.

Il se sentait renaître après une agonie qu'il s'était inexplicablement imposée.

# 8

– Non, mademoiselle, Frédéric Klein n'habite plus ici. Il a quitté Deuil-la-Barre il y a au moins deux ans. Non, il ne m'a pas laissé ses coordonnées. Merci de ne plus m'importuner.

On raccrocha sèchement ; un répondeur eût été plus aimable.

Clovisse regretta d'avoir accordé une soirée à Paul Zaniec contre ce simple numéro de téléphone. D'autant que l'exemplaire prêté par Paul à son ami était inaccessible, ce dernier ayant lui aussi disparu dans la nature. Elle se rendit rue Chardin et sollicita un entretien auprès de Jean Valéry, le secrétaire d'État aux Universités. L'employé qui filtrait les arrivants à l'accueil l'invita à remplir une fiche et lui recommanda de l'accompagner d'une lettre dûment motivée. Clovisse s'exécuta et nota sans conviction : « Ancienne élève, motifs personnels. » Ici un secrétaire d'État était moins accessible que dans les cocktails où on l'envoyait en mission commandée.

Comme elle sortait, découragée, une voiture officielle s'arrêta devant le seuil. Un individu d'âge mûr en émergea, avec le regard lointain des personnalités qui rebutent ainsi les curieux et découragent les quémandeurs. Clovisse identifia l'homme aussitôt, croisa fermement sa trajectoire et lui jeta avec une assurance journalistique :

– Monsieur Jean Valéry ? Pardonnez mon audace...

L'autre ne ralentit pas l'allure, ne leva pas les yeux sur elle, et monta à grands pas les six marches du perron.

– Si vous acceptiez de m'accorder une entrevue...

Elle le suivit dans le vestibule qu'elle venait de quitter. Un garde républicain s'approcha d'eux, dans l'intention d'écarter l'importune.

– Qui est mademoiselle ? demanda Jean Valéry à l'employé de l'accueil.

L'employé lui tendit sa fiche. Le secrétaire d'État la déchiffra, puis dévisagea Clovisse.

Elle sut que tout se jouait en cette seconde : sur sa robe, sa coiffure, son maquillage, son sourire. Un sourire auquel il répondit.

– Je suis ravi de vous revoir. Cela fait, voyons... quatre ans ? Entrez donc et bavardons cinq minutes. Mais pas plus, j'ai un rendez-vous.

Son bureau était grand, haut de plafond, cossu, surchargé de tableaux, de tapis et de tentures. Jean Valéry la prit par l'épaule pour l'inviter à s'asseoir. Revenu derrière son bureau :

– Que puis-je faire pour vous ? demanda-t-il

avec l'accent de celui qui sous-entend « Que pouvons-nous faire ensemble ? ».

– Mon camarade Paul Zaniec m'a dit combien vous l'aviez aidé pour son travail sur l'utopie. Je me consacre moi-même à une thèse sur Écoland. Si vous pouviez m'en parler…

Le visage de Jean Valéry se ferma.

– Je ne vous suis pas très bien. Que désirez-vous savoir ?

– Depuis quand Écoland existe. Où il se trouve. Quels sont ceux qui le gèrent et l'habitent.

Clovisse comprit que poser, dans l'antichambre du pouvoir, les questions que ce même pouvoir lui avait posées si clandestinement, témoignait d'une audace insolente. Si la réponse avait été ici, on ne lui aurait pas confié cette mission. Ni imposé le secret. Elle quémandait des informations qu'on ne possédait pas… ou qu'on n'avait pas jugé utile de lui livrer.

– Mais Écoland n'est nulle part, mademoiselle. Vous connaissez le sens du mot utopie ?

– Deux… expériences écologiques ont bien précédé le projet d'Écoland ? L'un de vos étudiants, Frédéric Klein, y avait participé.

La mâchoire de Jean Valéry se crispa, transformant sa tentative de sourire en grimace.

– Je l'ignore. Quelques illuminés élaborent parfois des théories fumeuses qu'ils tentent de mettre en application. L'histoire nous a appris quels débordements elles engendrent…

– Vous avez parlé d'Écoland à Paul Zaniec, affirma Clovisse.

Le secrétaire d'État soupira, sous-entendant que Paul Zaniec était un doux fantaisiste, et que Clovisse avait intérêt à changer le sujet de la conversation.

– Monsieur Jean Valéry, Écoland existe.

La question eût été admissible – mais pas le ton de certitude menaçante qu'elle employa. Au regard que lui jeta soudain Jean Valéry, elle eut l'impression d'avoir délogé un serpent sous une pierre.

– Non, mademoiselle. À présent, j'ai du travail.

Elle se laissa congédier le cœur battant, étonnée de sortir indemne du piège qu'elle s'était tendu.

Rentrée chez elle, elle s'accorda la soirée à réfléchir, accoudée à son balcon. Nul doute que dans ce mémoire traitant de la place de la femme dans l'utopie existait un indice majeur livrant la situation d'Écoland. Oui, une indication fournie par Frédéric Klein ou Jean Valéry lui-même – une indication que Paul Zaniec avait retranscrite, sans doute sans en mesurer l'importance. Elle devait mettre la main sur ce document.

Comme elle hésitait à reprendre contact avec Paul Zaniec, elle appela Paris XIII, obtint le bibliothécaire et lui extorqua sans difficulté le numéro de téléphone personnel de Jean Perrot, qui avait dirigé le travail de DEA.

– Hélas, mademoiselle, je n'ai plus la copie de ce mémoire. Un de mes étudiants me l'a réclamée au début de l'année, car l'exemplaire de la bibliothèque était sorti.

– Cet étudiant, qui était-ce ?

– C'était un auditeur libre, il n'était pas inscrit à mon cours. Voilà six mois que je ne l'ai pas vu.

Clovisse avait l'impression de suivre un inconnu qui effaçait ses traces au fur et à mesure qu'elle s'en approchait.

Elle se résolut à appeler Paul Zaniec le soir même.

– Paul ? J'aimerais lire ton mémoire. Je suppose que tu l'as encore sur le disque dur de ton ordinateur ?

– Bien sûr.

– Tu pourrais me l'envoyer ? Par Internet ? En document joint ?

– Pas question. Je ne fais pas confiance à l'informatique. Tu sais que je préfère les contacts humains. Viendrais-tu pour une consultation sur place ?

Zaniec habitait à deux pas. Clovisse n'avait pas le choix, même si elle jugeait cette consultation risquée et prolongée. Mais quand elle arriva dans le studio de Paul Zaniec, sa bonne humeur s'était éteinte.

– Écoute, c'est incroyable ! Je suis sûr qu'une copie de mon texte était dans ce tiroir. Elle n'y est plus.

– Ce n'est pas grave. Voyons ton ordinateur.

Il s'installa devant l'écran et poussa très vite un

juron : le fichier avait disparu ! Sa contrariété ne semblait pas feinte.

– Aucun doute, il a été effacé. Bon, ce n'était pas un chef-d'œuvre – mais j'avais travaillé un an là-dessus ! Je ne sais pas comment j'ai pu faire une telle fausse manœuvre.

– Attends. Tu n'as pas été cambriolé récemment ?

– Si, au début de l'année, comment le sais-tu ?

Il tenta de rassembler ses souvenirs.

– C'est vrai qu'on m'a fauché des bricoles : un peu d'argent liquide, ma mini-chaîne hi-fi…

– Et on a laissé ton ordinateur ?

– Oui. Il est lourd, c'est un vieux modèle… Mais les voleurs n'ont quand même pas emporté l'exemplaire papier de mon mémoire !

Mais si, murmura Clovisse sans que Zaniec l'entende, avant de lui demander à voix haute, sans grand espoir :

– Et cet exemplaire était évidemment le dernier ?

– Non, fit Zaniec en réfléchissant. Quelqu'un en possède encore un !

– Qui ?

– Pardi, Jean Valéry.

Celui-là, Clovisse en était certaine. Elle ne pourrait jamais l'avoir.

# 9

En juillet, Vitalin partit dans l'Hérault chez sa mère.

Quand ses parents s'étaient connus, trente ans auparavant, ils avaient beaucoup d'enthousiasme, quelques illusions mais aucun emploi fixe, sinon celui d'intermittents du spectacle. Juste après la naissance de Vitalin, Julien Drial avait quitté sa femme, épousé une étudiante et divorcé avant de mourir prématurément.

Revenue à Courniou dans son village natal, Anna Drial avait élevé son fils seule, sans autre homme dans sa vie. L'été, elle vendait aux touristes des tableaux naïfs, des poteries et des bijoux qu'elle confectionnait pendant l'hiver. Vitalin grandit au village avant de monter à Paris pour y faire les Beaux-Arts. Il ne voyait sa mère qu'une fois par an et s'étonnait chaque fois de la retrouver si vieillie.

Cette fois encore, il la découvrit déprimée, accaparée par les voisins et abêtie par la télévision. Elle avait renoncé au dessin et à la poterie et tricotait avec entêtement des pulls en angora que lui achetait un magasin d'articles de luxe. Il se demanda ce qui avait pu, en quelques années, transformer l'artiste exubérante et ouverte qu'avait été sa mère en cette femme aigrie qui soupirait sur l'infidélité des hommes, la décadence de la société, et qui en tirait des conclusions métaphysiques sur la folie de l'espèce humaine et la grande miséricorde de Dieu.

Vitalin fit comprendre aux voisins qu'il voulait avoir un peu sa mère pour lui seul. Restant auprès d'elle, il tenta de dessiner, mais son soliloque perpétuel le troublait. Quand Anna choisissait un sujet de réflexion, elle en étudiait les prolongements et n'avait alors de cesse que son fils l'approuvât.

Ce matin-là, après qu'il lui eut demandé gentiment « S'il te plaît, ne me parle plus de Yolande », elle déclina le leitmotiv « Tu devrais sortir », dont elle conjugua les enchaînements :

– Tu vis seul, tu t'ennuies. Si tu sortais, tu ferais la connaissance d'une jeune femme. À Saint-Pons, il y a trois cinémas, mais Saint-Pons est trop loin, je ne parle pas de Montpellier. D'ailleurs le cinéma ne m'intéresse pas et ma télévision me suffit. Mais toi tu es jeune, tu devrais sortir, tu finirais par rencontrer quelqu'un…

– C'est entendu, c'est promis Anna ! jeta-t-il soudain. Ce soir je sortirai.

Mme Drial se tut, décontenancée, et s'arrêta de tricoter. Puis elle reprit difficilement son ouvrage, comptant ses mailles et cherchant ses mots. Confus, il se précipita alors vers sa mère pour l'entourer de ses bras. Ce geste eut pour seul effet de relancer le travail de sa langue et de ses doigts. Elle ne leva même pas les yeux sur lui.

Stupide et déçu, il s'écarta.

En parcourant les programmes du quotidien régional, Vitalin crut rêver. La page de Sète annonçait :

*Lundi 16 juillet à 21 heures,*
*dans la salle Georges-Brassens,*
*par le théâtre des Deux-Roulottes :*
*PARTIR POUR ÉCOLAND*
*pièce en trois actes de Gilbert Dallibert.*

– Ce soir, dit Vitalin, je vais au théâtre.

Sa mère puisa dans ce projet le sujet d'un nouveau monologue : le théâtre, c'était tout de même autre chose que le cinéma… À présent, elle souriait dans le vague.

Vitalin la quitta rasséréné, elle finirait son pullover dans la soirée.

Il arriva à Sète en avance. Il s'offrit un sandwich et une bière dans le bistrot qui faisait face à la salle. Il pouvait déchiffrer à l'envers l'affiche scotchée sur la porte vitrée du café : PARTIR POUR ÉCOLAND. Ces mots imprimés en grosses lettres lui redonnaient espoir. Sous le titre de la pièce, le nom de Gilbert Dallibert figurait à côté d'un autocollant. Vitalin se demanda ce qu'il recouvrait. La date était inscrite à la main, au feutre rouge.

Les portes du théâtre s'ouvrirent. Vitalin entra, s'installa au deuxième rang puis revint s'asseoir au fond de la salle. Il repéra vite, disséminés parmi les touristes et un groupe de jeunes, deux hommes sérieux et attentifs. Comme il essayait de graver leurs traits dans sa mémoire, la lumière baissa, on frappa les trois coups et le rideau s'ouvrit.

Le sujet de la pièce était simple : un couple avait vécu à Écoland et l'avait fui. L'homme et la femme ne s'aimaient plus et se disputaient sans cesse. Ils faisaient la connaissance de deux jeunes gens qui cherchaient Écoland pour y vivre heureux. Le premier couple dissuadait le second de partir, dénigrait les contraintes, l'isolement et les lois de ce pays. Les amoureux écoutaient, hésitaient, commençaient à se quereller.

– Ce n'est pas Écoland que tu cherches ! lançait la jeune fille. C'est toi. Tu es en quête d'une perfection que tu ne trouveras pas.

– La perfection, je croyais l'avoir trouvée en toi.

Le texte était grandiloquent, médiocre et mal interprété.

Au deuxième acte, sur le point de se séparer, les vieux amants entreprenaient de courtiser chacun de son côté le jeune homme et la jeune femme.

Mais, à l'acte suivant, tout rentrait dans l'ordre : réconciliés, les amoureux partaient pour Écoland où ils construiraient leur bonheur au dépit des vieux amants jaloux. Le rideau tombait au moment où les jeunes gens arrivaient en vue d'une île en forme de cœur, diaporama sur drap rapiécé. En guise d'épilogue, une voix off déclamait avec un effet d'écho mal réglé :

« Nous ne vivons qu'avec ce que nous n'aimons pas, que nous n'avons fait vivre avec nous que pour tuer l'insupportable amour, qu'il s'agisse d'une femme, d'un pays, ou encore d'une femme enfermant un pays. »

Vitalin sursauta. Comparée à tout ce qu'il venait d'entendre, cette phrase ambiguë et énigmatique détonnait. Cette conclusion le touchait singulièrement.

Après deux rappels, les lumières furent rallumées ; la salle se vida. Vitalin sortit et vint flâner du côté de l'entrée des artistes. Il reconnut, dans l'ombre, les deux individus qu'il avait remarqués avant le début du spectacle. Le plus jeune enlaça l'une des deux actrices quand elle apparut. Comme si la voie avait été libre, le second entra – et Vitalin le suivit.

Ils arrivèrent dans une loge qu'illuminait vivement une glace de scène. Face à elle se démaquillait le grand escogriffe chauve et ventripotent qui avait interprété le rôle du vieil amant. Derrière un paravent, la seconde actrice se changeait ; le cadet de la troupe rangeait les costumes dans une malle.

– C'était très bien, ce soir, monsieur Dallibert, complimenta l'inconnu qui avait précédé Vitalin.

Il avait les cheveux gominés, portait un costume strict, une cravate sombre et des chaussures en croco.

– Vous avez remarqué mon improvisation dans le deuxième acte ? Génial, hein ? Il faut que je garde ça.

– C'était parfait, monsieur Dallibert.

– Ah, demain soir nous sommes à Béziers, et jeudi à Hyères pour une représentation en matinée.

– Je pourrai coller vos affiches, monsieur Dallibert, suggéra l'étrange admirateur avec servilité.

– C'est très chic de votre part, monsieur Longuet. Vous trouverez tout ça dans la caravane. Je vous laisse faire ?… Alors, ça vous a plu ?

Au regard de Dallibert dans la glace, Vitalin devina que la question s'adressait à lui.

– Beaucoup. Je… je vous félicite.

– Belle mise en scène, n'est-ce pas ? C'est la meilleure pièce que j'aie jamais montée. Et puis Benoît est excellent.

Il eut un regard tendre pour le cadet de la troupe qui fermait la dernière malle. Comprenant qu'on parlait de lui, le jeune homme rougit, sourit, s'enfuit.

– Vous avez toujours autant de monde ? demanda Vitalin.

– Toujours ! Voyez-vous, c'est un signe. Signe que le spectacle est bon.

L'acteur continua de se complimenter en se démaquillant.

– Monsieur Dallibert, l'interrompit Vitalin, il faut que je vous parle.

– À quel sujet ?

– Au sujet d'Écoland.

Le comédien approuva gravement, sous-entendant qu'il s'en doutait un peu et qu'il avait beaucoup à révéler là-dessus. Il suggéra :

– Attendez-moi là-bas, au café du théâtre. Je vous y retrouverai.

Un quart d'heure plus tard, l'acteur le rejoignit, soupira :

– Eh bien, que voulez-vous savoir ?

Bien qu'il fût démaquillé, ses yeux restaient ourlés de bleu, sa bouche couleur de sang, un rose artificiel et fané relevait les pommettes de ses joues. Vitalin lança à voix basse :

– Pourquoi avez-vous écrit cette pièce ? Comment avez-vous choisi ce sujet ?

– Mais voyons, parce que tout le monde cherche Écoland !

Dallibert but son whisky d'un trait, en commanda un autre et désigna Vitalin du doigt :

– Et vous le cherchez aussi.

– Parlez-m'en. Qu'en savez-vous ?

Pour s'exprimer, Dallibert attendit son second verre.

– C'est la société de demain. L'humanité devra s'y plier si elle veut survivre.

En privé, sa grandiloquence sonnait aussi faux qu'en public.

– Où se trouve Écoland ?

– Ah ! Moi je ne suis là que pour montrer le chemin.

Exaspéré, Vitalin posa un billet sur la table et se leva. L'autre le retint par le bras, lâcha :

– Dans le texte, il y a la clé ! Je ne peux vous dire où. Car je l'ignore moi-même.

Vitalin hésita, haussa les épaules et partit.

Dans la nuit déserte, une voix le héla. C'était M. Longuet.

– Jeune homme ? Je crois savoir ce que vous cherchez…

Il parlait bas, avec des airs de conspirateur. Il l'entraîna loin de la lumière du café pour lui chuchoter :

– La pièce de Dallibert est mauvaise. Cependant elle ouvre à l'essentiel. Ne vous arrêtez pas aux mots…

– Que voulez-vous dire ?

– Connaissez-vous la *Messe en si* de Jean-Sébastien Bach ? Écoutez-la souvent. Viendra le moment où vous n'entendrez plus que l'Agnus Dei. Il résume toute la *Messe*, il contient tout Bach aussi : sa foi, sa confiance, son amour, son abandon. Et malgré sa perfection, l'Agnus Dei reste l'écho d'un Dieu à jamais inaccessible.

– Pardonnez-moi, mais je ne vois pas le rapport…

– Écoland, jeune homme, est un passeport pour l'absolu. Mais l'absolu, il faut savoir le convoiter sans l'atteindre.

Quand Vitalin parvint à s'arracher aux divagations de M. Longuet, il était tard.

L'aube se levait quand il rejoignit Courniou. Sa

déception l'emportait sur la colère. Cette pièce n'avait rien à voir avec Écoland. Il avait assisté à un spectacle navrant, une caricature. Il avait côtoyé des pantins qui, dans la salle ou sur la scène, se renvoyaient obstinément des images déformées par le miroir de leurs illusions.

Il travailla tout le lendemain, jusqu'à deux heures du matin, penché sur sa table à dessin. Il s'acharnait sur une épure au crayon gras et essayait de restituer la courbe du geste d'un lanceur de sagaie. Il savait y parvenir en dosant l'épaisseur du trait, puis en levant la mine au bon moment pour que l'œil reconstitue ce que le crayon laissait inachevé.

Mais il jugeait ses résultats décevants. Seuls les peintres des lavis de l'époque Tang avaient utilisé cette technique à la perfection.

– Picasso la maîtrisait aussi dans certains de ses dessins, murmura-t-il découragé. Et je ne suis pas Picasso.

Soudain, il sursauta. En un éclair, il comprit :

– Dallibert n'a pas pu écrire cette pièce !

Voilà pourquoi il n'en possédait pas la clé. L'image de l'autocollant, sur l'affiche, lui revint en mémoire. Il ajouta à mi-voix :

– À moins qu'il y ait un coauteur.

Aujourd'hui, on représentait *Partir pour Écoland* à Hyères en matinée. Vitalin décida de s'accorder quatre heures de sommeil afin d'arriver là-bas avant le début du spectacle.

Il se gara près du théâtre, dans une avenue bordée de palmiers. Il examina une affiche et arracha proprement l'autocollant à côté duquel était imprimé, « Gilbert Dallibert ». C'était bien ça, il dissimulait un autre nom, soigneusement noirci au feutre. Levant les yeux, Vitalin reconnut, sur le trottoir, la plus jeune actrice au bras de son ami. Il les aborda si brutalement qu'ils sursautèrent.

– Vous aussi, vous cherchez Écoland ? lui jeta le garçon avec un dédain gouailleur.

L'actrice rougit, calma son ami :

– Fiche-lui la paix. Moi aussi, j'ai failli y croire. C'est même en accompagnant le spectacle que je suis entrée dans la troupe. Je pensais que c'était le moyen de trouver Écoland.

– C'est moi que tu as trouvé, fit l'autre. Au moins, tu n'as pas tout perdu.

– Qui a écrit cette pièce ? demanda Vitalin. Ce n'est pas Dallibert ! Quel est le nom accolé au sien sur l'affiche ?

– Qui voulez-vous que ce soit ? Son petit protégé Benoît ?

Ils ricanèrent et s'éloignèrent. Ils n'étaient pas au courant de la supercherie.

– Benoît… et pourquoi pas ?

Lui avait peut-être été mis dans la confidence. Pour lui tirer ce renseignement, il suffirait de lui faire peur.

Vitalin assista à la pièce, il se jura que c'était bien la dernière fois. Il attendit la fin de l'entracte : il savait que Benoît ne rentrerait en scène qu'à la fin de la deuxième partie. En quittant la salle, il fut frappé par la qualité d'attention d'une jeune et élégante spectatrice qui, comme lui, semblait plus intéressée par le public que par le spectacle. Leurs regards se croisèrent, une, deux fois.

Puis Vitalin quitta la salle, traversa le couloir désert et gagna les coulisses. Les deux premières loges étaient désertes. Dans la troisième, il surprit Benoît occupé à changer de costume. Il poussa un petit cri d'effroi quand Vitalin se dirigea sur lui pour le saisir par la peau du cou. L'autre crut qu'on voulait l'étrangler.

– Qui a écrit *Partir pour Écoland* ?

Benoît, blanc, devint écarlate. Il s'attendait à tout sauf à cette question.

– C'est Dallibert et QUI ? brailla-t-il.

Benoît aspira l'air comme un goujon hors de l'eau et désigna, sous le miroir, une grande panière de costumes. Vitalin l'ouvrit, la vida et y découvrit, au fond, un paquet de deux ou trois cents affiches. Sous le titre *Partir pour Écoland* était inscrit : *Pièce en trois actes de Jean Villebon et Gilbert Dallibert*.

– Merci, dit Vitalin. Tu permets ? J'en prends une.

– Tu es content ? Alors tu es content ? répétait Mme Drial qui guettait les impatiences de son fils.

Il savait que la vie de sa mère était désormais faite des aléas de sa propre existence. Si Anna était attentive à tout ce qui le concernait, c'était pour mieux interpréter et grossir ses joies et ses peines.

– Je suis content, Anna. Je rentre à Paris demain.

– À Paris ? Mais c'est encore l'été. Mon petit, je t'ai si peu vu et déjà tu me quittes ?

La déception de sa mère le toucha. C'était toujours au moment de son départ qu'elle lui témoignait une tendresse exagérée, rétroactive. Mais dès qu'il s'approcha pour l'embrasser, elle le repoussa :

– C'est à toi que je pense ! Cette année tu n'auras pas eu de vacances.

– Rassure-toi. À Paris, je ne ferai qu'un saut. J'en repartirai aussitôt.

– Où ? Où est-ce que tu repartiras ?

Vitalin, qui ne voulait pas mentir, réfléchit à peine et lança :

– Pour Écoland.

# 10

À Deuil-la-Barre, Clovisse interrogea les commerçants de la rue où avait habité Frédéric Klein. La boulangère lui confirma qu'il était parti depuis deux ans. Sa mère résidait dans un lotissement près de la gare.

Clovisse alla frapper à la porte de Mme Klein. Une femme replète et grise, en blouse, lui ouvrit.

– Je viens au sujet de votre fils, lui dit Clovisse.

– Mon Dieu ! Vous avez des nouvelles de Frédéric ? Entrez !

La pièce était minuscule, encombrée de pantalons et de robes. Clovisse comprit que Mme Klein faisait des retouches à domicile.

– Il ne lui est rien arrivé au moins ? Vous l'avez vu ? Où est-il ?

– Je ne sais pas, madame. Justement, j'aurais voulu savoir où le trouver.

Le repli fut spectaculaire. Mme Klein poussa Clovisse vers la porte.

– Vous m'avez induite en erreur, mademoiselle. Au revoir.

– S'il vous plaît, aidez-moi ! Il faut absolument que je voie Frédéric !

– Je ne peux pas vous aider. Je ne sais pas où il est.

Comme Clovisse refusait de sortir, la voix de Mme Klein devint soudain tremblante, presque terrorisée. Elle murmura :

– Je ne sais rien, je vous le jure...

– Mais vous n'avez rien à craindre de moi !

– Que voulez-vous ?

– Partir pour Écoland.

Il y eut de la haine dans le regard de la couturière.

– Il n'y a pas d'Écoland ! Vous le savez très bien !

– Mais non, je ne sais rien ! Que s'est-il passé ? Oh, madame, non, ne pleurez pas...

Elle se précipita pour prendre dans ses bras cette femme qui s'effondrait sur une chaise en gémissant avec de petits hoquets.

– Pardonnez-moi, dit Clovisse. Je comprends, je ne suis sans doute pas la première... Qui est venu vous tourmenter ?

– Des gens comme vous, qui se prétendaient d'anciens amis de Frédéric. Mon Dieu ! Pourquoi êtes-vous venue ?

– Je ne connais pas Frédéric, avoua Clovisse. C'est Écoland que je cherche.

Mme Klein se moucha, ôta la prise de son fer à repasser et se mit à nettoyer ses lunettes avec une chute de tissu. Son regard, en se figeant, devint flou et dur à la fois.

– Écoland ? Mais le projet a avorté, mademoiselle. Tous ces jeunes gens ont été massacrés... Une effroyable tuerie !

– Quoi ? Que dites-vous ? demanda Clovisse d'une voix blanche.

– La vérité. Cela faisait six mois que Frédéric avait rejoint l'île. Il y vivait tranquille, discret. En six mois, trois lettres. Pas un coup de fil.

Elle se remit à pleurer. Clovisse n'osait la brusquer. Elle craignait de rompre un fil qu'elle devinait ténu, fragile. Elle murmura seulement :

– Dites-moi ce qui s'est passé.

– C'est arrivé en décembre, juste après le naufrage de ce navire qui transportait des déchets nucléaires. Souvenez-vous, on a fait porter la responsabilité de l'attentat à Écoland – à mon avis, pour justifier l'élimination de tous ceux qui s'étaient regroupés sur l'île.

– L'élimination ? Mais je ne me souviens pas que la presse...

– Que croyez-vous ? Personne n'a jamais été mis au courant !

Clovisse crut que Mme Klein divaguait. Puis elle se souvint qu'à cette époque une crise nationale avait entraîné la nomination provisoire d'un gouvernement de salut public. Durant quelques mois, le ministère de l'Intérieur avait été confié à un homme fort, proche des fascistes. Elle sut alors que cette femme disait peut-être vrai.

Consciente d'avoir trop parlé, Mme Klein s'était interrompue.

– Vous n'avez rien à craindre de moi, murmura Clovisse. Donc, c'était en décembre ?

– Oui. L'île est très calme en cette saison. Une nuit, Frédéric dormait au phare, le gardien était devenu un ami à lui. Il l'a réveillé. Il avait reçu un coup de fil lui enjoignant de quitter les lieux aussitôt pour regagner le continent en bateau. Avant d'obéir, il a dit à Frédéric : « Il se mijote quelque chose. Tu devrais avertir tes copains. » En réalité, mademoiselle, tous les habitants de l'île avaient été évacués dans la soirée. En arrivant au village, Frédéric a aperçu des inconnus qui tiraient sur ses amis – la plupart avaient déjà été abattus par surprise dans leur sommeil. Alors il s'est enfui, il a cherché refuge de villa en villa. Hélas la battue était méthodique. À l'aube, pas un mètre carré n'avait pu échapper aux tueurs. Pensez donc, une île de deux kilomètres sur sept !

– Et Frédéric ?

– Il s'est jeté à l'eau. Mais des barques patrouillaient, impossible de regagner le rivage ! Il s'est laissé dériver et a échoué vers midi sur la petite île de Bagaud. Il y est resté trois jours, gelé, affamé, terrorisé. Il a été recueilli par des pêcheurs qui l'ont ramené sur le continent. Il a téléphoné au gardien du phare. Ce dernier, comme tous les habitants de l'île, croyait qu'on avait simplement évacué ceux qui s'y étaient installés. Frédéric n'est jamais retourné là-bas, il n'est jamais revenu ici. Il a peur. Il m'appelle parfois au téléphone. Il me dit seulement qu'il va bien.

Du regard, Mme Klein essayait de percer à jour les véritables intentions de Clovisse. Comme elle avait encore un doute, elle ajouta :

– Frédéric ne parlera pas, mademoiselle ! Ce qu'il veut, c'est qu'on le laisse tranquille. C'est pourquoi il ne me dit pas où il vit. Et je ne veux pas le savoir.

Malgré la sincérité et la cohérence du discours de cette femme, Clovisse avait tout de même du mal à la croire. Ainsi, seul son fils aurait échappé à ce prétendu massacre ? Qu'est-ce qui prouvait que Frédéric n'avait pas inventé cette histoire ? Elle demanda :

– Mais vous, madame, vous savez ce qui s'est passé ! Et vous en parlez ? Vous prenez donc des risques ?

– Oh, moi ! soupira-t-elle avec un pauvre sourire.

– Cette île où s'était installé Écoland ?

– Je ne vous l'ai pas dit, mademoiselle ? C'était Porquerolles.

Le lendemain, Clovisse rédigea et posta un bref rapport destiné à Étienne Dupuis. Si Mme Klein avait dit vrai, ceux qui liraient ces lignes n'apprendraient rien. Ils sauraient que Clovisse remontait la filière qu'on avait pris soin de lui dissimuler.

Elle prit le premier avion pour Hyères.

À cinq mille mètres d'altitude, Clovisse se plongea dans Pindare et rêva une heure durant à « l'île des bienheureux, aux extrémités de la Terre, terre d'abondance et de festins, loin des labeurs et des combats »...

À Hyères, un taxi la mena au port où elle emprunta une navette de plaisance. Le temps était beau et clair, les touristes nombreux. On apercevait les îles d'or, surtout Porquerolles, la plus proche et la plus grande aussi. Plus loin, Port-Cros et l'île du Levant se devinaient, noyées dans une brume de chaleur.

Vingt minutes plus tard, le bateau accosta dans un port hérissé de mâts de voiliers.

Songeuse, Clovisse parcourut les rues poussiéreuses de ce village aux allures coloniales. Vingt maisons, pour la plupart des hôtels-restaurants, encadraient une grande place carrée que dominait une église d'opérette. Les estivants déambulaient par petits groupes ou sur des VTT de location. Clovisse avait du mal à admettre qu'Écoland se soit installé ici. En pénétrant dans les terres, elle comprit. À part le village, un fort militaire, trois fermes isolées et le phare, l'île était déserte, et même en cette saison, rares étaient les curieux à s'aventurer plus loin que la plage.

Toutes les petites îles se ressemblent : un port avec trois routes qui s'en échappent, l'une qui monte et s'enfonce au cœur de l'île, les deux autres qui en font le tour et se rejoignent.

Comme pour elle-même, Clovisse répéta les mots qui traduisaient cette étrange géographie et lui semblaient porteurs d'une symbolique encore obscure :

– « Une route qui monte et s'enfonce au cœur de l'île, les deux autres qui en font le tour et se rejoignent. »

En marchant, abritée du soleil torride par l'ombre des eucalyptus, elle revivait cette improbable nuit, cette battue anonyme dont le meurtre était le mot d'ordre et la finalité l'oubli.

Elle visita le phare ; le gardien était nouveau, son collègue avait pris sa retraite l'année précédente. Puis elle redescendit au port et dîna dans l'un des restaurants de la place. La patronne la servit. C'était une femme corpulente et accorte, au rire facile et à l'accent chantant. Quand elle lui apporta le dessert, Clovisse lui demanda :

– Vous étiez là du temps d'Écoland ?

Comme la patronne ne semblait pas comprendre, Clovisse précisa :

– Vous savez bien, à l'époque où des jeunes gens venus du continent vivaient clandestinement sur l'île ?

– Ah oui ! Tiens, vous êtes au courant ? Comme c'est loin tout ça !

Pour la première fois, Clovisse eut l'impression de toucher au but. La tenancière se souvenait ! Elle raconta :

– Tous ces gens, ils étaient près d'une centaine, s'étaient installés sur trois des quatre plaines de l'île. Ils possédaient d'étranges machines avec lesquelles ils foraient des puits, irriguaient les terres et se déplaçaient sous l'eau pour récolter des algues. Ils cultivaient la vigne, l'olivier, le pêcher et même un peu le maïs.

– Vous les connaissiez ? demanda négligemment Clovisse, cœur battant.

– On les voyait peu. Ils étaient discrets. Ils vivaient en cercle fermé.

– La municipalité n'a pas protesté, quand ils se sont installés ici ?

– Si. Il y a eu des négociations serrées. Mais les nouveaux venus aidaient à la mise en valeur de l'île. Et en réalité, ils ne dérangeaient guère. Mis au courant, l'État a réagi. Dame, les neuf dixièmes des lieux lui appartiennent !

– Et ils ont fini par quitter l'île ?

– Un soir, des soldats nous ont évacués. Quand ils nous ont fait revenir le lendemain, les gens d'Écoland n'y étaient plus. Ils se sont sûrement installés ailleurs.

Clovisse n'en apprit pas davantage. Elle savait que rien, sur cette île, ne la mènerait à l'Écoland d'aujourd'hui.

Le matin suivant, elle flâna dans les pinèdes proches. Elle se risqua dans les plaines, inspecta les ruines d'une grange, à la recherche d'éventuels indices. Mais le temps avait passé, la pluie coulé, le soleil brillé. Sans doute avait-on depuis longtemps ratissé et nettoyé les lieux.

Cependant elle était attentive, à l'écoute ; l'esprit d'Écoland avait soufflé ici et elle espérait en percevoir l'écho.

Les assertions de Mme Klein ne l'avaient pas convaincue : elle n'oubliait pas que Paul Zaniec avait taxé Frédéric de fabulateur. Pour couper les ponts avec sa famille, l'étudiant avait pu déguiser la réalité et transformer une simple évacuation en drame.

S'il y avait eu vraiment massacre, Clovisse en examinait les motifs sans les juger. Elle savait que les crimes à grande échelle bénéficient souvent de l'impunité, et qu'on les dissimule en reportant ailleurs l'attention des foules. Car mille crimes qu'on tait sont moins éloquents qu'une injustice qu'on montre.

Elle songeait au roman de Ray Bradbury, *Fahrenheit 451*, dont le héros, Montag, un pompier chargé de détruire tous les livres, finit par être tenté de connaître leur contenu.

Elle était le Montag d'Écoland et voulait lire avant de brûler. Mais à Porquerolles, les cendres avaient l'odeur du thym.

De mauvaises nouvelles l'attendaient à Hyères, les deux derniers vols de la soirée pour Paris étaient complets, ainsi que tous les grands hôtels de la ville. Elle finit par trouver une chambre dans un établissement vieillot, un peu borgne. Sa chambre donnait sur la rue. Elle ouvrit la fenêtre, s'accouda à la balustrade.

Aussitôt l'affiche lui sauta aux yeux. Elle dégoulinait encore de colle et indiquait, au-dessus d'un dessin naïf :

*Le 19 juillet à 17 heures*
*au théâtre municipal,*
*par le théâtre des Deux-Roulottes :*
*PARTIR POUR ÉCOLAND*
*pièce en trois actes de Gilbert Dallibert.*

Domptant son euphorie, elle dévala les escaliers, demanda à la réception où se trouvait le théâtre. Elle y courut et rumina sa joie. Être heureux, cela ne se mérite pas, cela se gagne, pensait-elle. Au fond, en France, tout parlait d'Écoland ; il suffisait d'écouter, de regarder. Qu'elle pût assister à une pièce appelée *Partir pour Écoland*, à quelques kilomètres de l'île de Porquerolles, lui semblait un clin d'œil des dieux.

Le premier acte la déçut. Elle n'y trouva pas la clé qu'elle attendait. Très vite, elle comprit que la suite du spectacle ne la lui livrerait pas. Mais plusieurs spectateurs l'intriguèrent, comme cet homme qui, malgré la chaleur, portait cravate et costume trois-pièces. Il écoutait le texte comme on assiste à la messe. Elle fut surtout frappée par un jeune homme qui guettait le comportement du public. Quand leurs regards se croisèrent, Clovisse dut baisser les yeux.

Ils s'observaient tous deux tour à tour, en douce.

Quelques minutes après l'entracte, le jeune homme se leva et quitta la salle. Clovisse n'hésita qu'un bref instant et, intriguée, le suivit jusque dans les coulisses. Dissimulée dans l'ombre, elle le vit entrer dans une loge où jaillirent des éclats de voix confus. Quand il surgit de nouveau, une affiche en main, il semblait excité comme un gamin qui vient d'accomplir un larcin. Elle ne put le suivre dans sa course ; arrivée à l'extérieur du théâtre, elle eut juste le temps de le voir monter dans une voiture garée tout près.

Confusément, elle devina qu'une piste se présentait, mais laquelle ? Pendant que l'inconnu à l'affiche effectuait plusieurs manœuvres pour dégager son break, elle nota le numéro minéralogique. Bientôt le véhicule s'éloigna et se fondit dans la circulation dense de l'avenue.

Elle n'hésita qu'une seconde puis revint vers l'entrée des artistes. Elle retrouva sans mal la loge où l'inconnu était entré. Là, elle se trouva nez à nez avec un jeune homme qui la fixait, terrorisé, dans le miroir. Il semblait littéralement pétrifié. Profitant de l'avantage, elle jeta d'une voix sèche :

– Celui qui était là il y a une minute, qui est-ce ?

– Mais je... je ne le connais pas ! Je vous jure !

Il disait vrai, c'était l'évidence. Livide, il était encore sous le choc d'une scène qu'elle ne parvenait pas à reconstituer.

– Que voulait-il ?

D'un doigt tremblant, il désigna à Clovisse la panière et le paquet d'affiches. Elle en prit une à son tour, la roula sous son bras et sortit.

Elle s'apprêtait à courir jusqu'à son hôtel lorsqu'un doute la saisit. Et si elle était suivie ? Elle se retourna brusquement.

Derrière elle, il n'y avait personne.

# 11

De retour dans son pavillon de Montmorency, Vitalin téléphona à la Société des Auteurs, rue Ballu, en se faisant passer pour Jean Villebon. Il révéla que Dallibert, coauteur de sa pièce, avait effacé son nom de l'affiche. Quel recours avait-il ? Percevrait-il toujours ses droits ? Il n'avait rien reçu depuis un certain temps. Au fait, l'organisme possédait-il son adresse ?

– Mais oui, monsieur Villebon : 7, rue Dupuytren, dans le sixième arrondissement. C'est bien cela ?

– C'est bien cela, répondit Vitalin.

Il consulta le Minitel et obtint aussitôt le numéro de téléphone de Jean Villebon. Sous quel prétexte l'appeler ? Qu'importe. Il devait savoir si l'auteur était chez lui. On décrocha à la deuxième sonnerie. La voix d'un homme sans doute âgé répondit :

– Oui, allô ?

Vitalin reposa le combiné et résolut de rendre visite à Jean Villebon dès le lendemain matin.

Dès neuf heures, il sortait du métro Odéon. « Il va me mettre à la porte ! Que lui dire ? »

Il lui parlerait de sa pièce, tout simplement.

Il se retrouva bientôt au deuxième étage d'un immeuble cossu, face à une porte en pitchpin. « Jean Villebon : Écrivain/Scénariste » indiquait, scotchée sous la sonnette, une carte de visite jaunie. Vitalin n'eût pas été surpris de trouver à côté un panneau : « Écoland au fond du couloir à droite. »

Il sonna, on ouvrit aussitôt.

– Monsieur Jean Villebon ?

L'homme approchait quatre-vingts ans et portait une robe de chambre en soie à grosses fleurs. Son visage fripé arborait une expression bienveillante et molle.

– Je m'appelle Vitalin Drial. Je… je viens de voir votre pièce *Partir pour Écoland* et j'ai été… enthousiasmé. Mais vous devez me juger bien audacieux de venir frapper ainsi à votre porte ?

D'un geste, Villebon balaya ces préliminaires.

– Entrez donc.

Il entra. L'unique pièce de l'appartement était sombre, haute, tapissée de livres.

– Asseyez-vous. Je peux vous offrir du café ?

Le café de Jean Villebon était âcre, léger, infect. Vitalin, ravi, avait posé une fesse sur un canapé défoncé. Il observait ce décor de vieil intellectuel célibataire, qui lui semblait aux antipodes d'Écoland. L'écrivain voulut voir en son visiteur un étudiant, un admirateur, un jeune poète soucieux d'écouter les conseils du maître, du feuilletoniste un peu oublié.

L'entrevue prit la forme d'une interview dans laquelle Villebon faisait questions et réponses. Vitalin approuvait, comme s'il connaissait toutes les œuvres de son interlocuteur. Il finit d'ailleurs par les connaître, car l'écrivain en rappelait le contenu au fur et à mesure. Écoland arriverait bien – et arriva, en effet, deux heures après le début de leur entretien.

– En réalité, Dallibert n'a rien écrit. Il était chef de troupe quand il a lu ma pièce. Il a tenu à apporter quelques modifications au texte en la mettant en scène, il y a bien des années de cela ! Il s'est sans doute cru autorisé à ajouter son nom à côté du mien.

– Mais aujourd'hui il a rayé votre nom de l'affiche !

Villebon n'y vit pas grand mal. Qu'un autre revendiquât la paternité de son texte semblait même le flatter un peu.

– La fin de la pièce m'a impressionné, complimenta Vitalin. Notamment la phrase qui clôt le spectacle. Magnifique.

– Ah oui, « Nous ne vivons qu'avec ce que nous n'aimons pas… » récita le vieil homme. Hélas, elle n'est pas de moi, mais de Marcel Proust. Je l'ai puisée dans *La Prisonnière*, la cinquième partie d'*À la recherche du temps perdu*.

– Dites-moi, comment avez-vous eu l'idée d'écrire cette pièce ?

– C'est simple, je me suis inspiré de faits réels. J'ai été l'un des fondateurs d'Écoland.

– Comment ?

– J'ai été l'un des fondateurs d'Écoland, répéta Villebon. Voulez-vous que je vous raconte ?

– Oui, dit Vitalin d'une voix blanche.

# 12

– Allô René ? Tu peux me rendre un service ?

– Service rime avec Clovisse ! Dis-moi, où étais-tu encore ? Voilà trois jours que je cherche à te joindre.

– Sur la Côte. En fait, j'aimerais connaître le nom et l'adresse du propriétaire d'un véhicule immatriculé dans le Val-d'Oise.

– Mon père est avocat, Clovisse, pas préfet de police !

– Mais il a des clients préfets. Il suffit qu'ils contactent le service des cartes grises...

– Si je te fournis ces renseignements, nous passons la soirée ensemble ?

Clovisse rit.

– La soirée, ce sera difficile ! Je pense rester encore un ou deux jours ici. Tu notes le numéro de mon hôtel ?

Clovisse espérait bien revoir le jeune inconnu suspect.

Le lendemain soir, elle assista à une nouvelle représentation de *Partir pour Écoland* dans un petit théâtre en plein air de Cavalaire. Le texte de la pièce ne lui apporterait aucun élément nouveau ; il ne fallait rien attendre des acteurs, ni des marginaux fascinés par le sujet du spectacle. Par contre, son intuition lui chuchotait que celui qui avait volé l'affiche possédait une piste sérieuse. Mais il ne reparut pas.

René rappela Clovisse le matin du 21 juillet. Conformément à leur accord, il n'accepta de livrer ses renseignements que dans leur restaurant favori, aux Halles. Clovisse obtint une place dans l'avion du soir et dîna en tête à tête avec René. Il attendit le dessert pour lui donner une enveloppe qui contenait un prénom, un nom, une adresse : Vitalin Drial. 95, rue Georges-Clemenceau à Montmorency.

En la raccompagnant, René risqua :

– Dis-moi franchement, est-ce que je dois redouter ce… comment s'appelle-t-il ? Vitalin ? Tu t'intéresses à lui pour de bon ?

– Qui sait ? répondit Clovisse.

# 13

– À l'époque, dit Jean Villebon, j'appartenais à une association d'auteurs dont les idées étaient généreuses et les idéaux élevés. Nous étions révoltés par les gabegies qu'entraînait le libéralisme triomphant, tant dans l'environnement que sur le plan humain. Reprenant le mot d'ordre d'un syndicaliste de l'époque, « Le monde n'est pas une marchandise », nous voulions préserver la planète pour les générations futures. Or, réfutant le protocole de Kyoto, certains pays la traitaient comme un gâteau à partager et à dévorer – après eux, le déluge ! Cette pollution aux mille visages, ce gâchis des intelligences et des énergies, nous les évoquions souvent dans nos romans, nos nouvelles, nos pièces. Nous étions en recherche d'un monde à la fois meilleur et plausible.

– Dans vos récits ou dans la réalité ?

– La réalité, jeune homme, s'appuie toujours sur des rêves. Nous avions donc imaginé dans un futur peu éloigné un lieu regroupant ceux qui désiraient vivre sans injustices, sans violence, sans déchets, une société où le bonheur et l'épanouissement du plus grand nombre était l'objectif permanent. Un microcosme en perpétuelle recherche...

– Un monde sans contraintes ?

– Certes non ! L'absence de règles est génératrice d'injustices.

– Mais... cette société, vous l'avez imaginée ou créée pour de bon ?

– Elle exista d'abord dans nos textes. Nous l'avions baptisée Écoland. Par jeu, l'un ou l'autre d'entre nous y faisait allusion ici ou là dans un conte, un roman, une nouvelle. Évoquant cette société idéale, il s'attachait à en décrire une facette. Un jour, au cours d'une de nos assemblées annuelles à la saline d'Arc-et-Senans, nous nous lançâmes un défi : fonder nous-mêmes Écoland ! La Société civile immobilière fut créée. Nous achetâmes le château de Courbouzon, dans le Loir-et-Cher, pour le transformer en lieu de travail et de réflexion. Situé à trois kilomètres de la centrale nucléaire de Saint-Laurent-des-Eaux, la bâtisse avait été bradée par son propriétaire. Ce fut la première cause de nos dissensions : la plupart d'entre nous étions adeptes des énergies douces ; la centrale était une ombre au tableau. Beaucoup de créateurs cédèrent la place.

– À d'autres écrivains ?

– Des écrivains, des scientifiques, des étudiants, des chercheurs. Mais aussi des peintres, des musiciens... Chaque année, après notre assemblée générale, des candidats nous rejoignaient pour une période d'essai. Beaucoup restaient quelques mois, le temps d'alimenter leur réflexion. D'autres s'installaient pour un an. Certains déclaraient forfait très vite, la vie communautaire leur étant insupportable.

– À quoi occupiez-vous vos journées ?

– Au début, chacun approfondissait son domaine de prédilection. Seules les corvées étaient partagées. Mais nous ne produisions rien et allions nous ravitailler en ville. Les puristes voulurent mettre en application les principes décrits dans nos textes. Les moins fanatiques, dont j'étais, s'y opposèrent. Nous étions des créateurs, à quoi bon produire ce que nous pouvions acheter au supermarché voisin ? Ce fut la scission…

– Qui l'emporta ? Vous avez voté ?

– Non. Nos statuts donnèrent raison aux premiers, qui restèrent.

– Et fondèrent Écoland !

– Non. Des conflits internes surgirent. Dans le groupe, certains voulaient la disparition de l'argent et de la propriété tandis que d'autres exigeaient l'instauration de règles précises et écrites. Chacun avait sa propre idée de ce microcosme. Il se révéla irréalisable. En moins d'un an, la situation se dégrada. La SCI fut dissoute et le château revendu à un comité d'entreprise. Plus tard, des collègues m'affirmèrent qu'un nouveau projet était né.

– Où ?

– La rumeur parlait d'une île. Ainsi naquit le texte de cette pièce... et l'expression « Partir pour Écoland » qu'on utilise à tout propos aujourd'hui.

Villebon se leva pour saisir sur un rayonnage le manuscrit de sa pièce. Vitalin le feuilleta poliment. Assis sur ce méchant canapé, il jetait des yeux désenchantés sur les meubles, l'appartement. Se pouvait-il que des faits si communs donnent naissance à de si grands mythes ?

– Cette île sur laquelle Écoland est... réapparu, où se trouve-t-elle ?

– Existe-t-elle seulement ?

– Vos collègues le savent peut-être ? Ceux de Courbouzon ?

– Impossible ! Mes collègues ont été dépassés par l'utopie qu'ils ont imaginée. Mais je sais que d'anciens membres se réunissent encore pour réfléchir et brasser des idées.

– Où ?

– Dans la saline d'Arc-et-Senans, là où est née l'idée d'Écoland. Il existe là-bas un centre de réflexion sur le futur.

Villebon ne put en révéler davantage. Il invita au restaurant Vitalin, qui n'apprit plus rien qu'il ne sût déjà. Le soir, il eut des difficultés à se séparer de l'écrivain qui prolongeait les adieux et ne cessait de demander :

– Vous reviendrez me voir, n'est-ce pas ? Vous reviendrez ?

Le lendemain, il se rendit à Courbouzon. Il avait le vague espoir d'y découvrir un indice, un fil qui le conduirait à l'Écoland d'aujourd'hui. Mais il redoutait que sa quête se réduise à un pèlerinage.

À une heure de train de Paris, le village de Courbouzon était devenu une cité-dortoir : pavillons, fermettes rénovées, fausses poutres et vrai macadam. Derrière les grilles fermées et les thuyas taillés, des chiens clabaudaient sur les rares passants. En voyant ces voisins qui s'ignoraient côte à côte, Vitalin douta de ce que lui avait dit Villebon.

Le portail du château était grand ouvert. Vitalin gara son break près du mur d'enceinte. Il entra, se promena dans le parc, fit le tour de l'étang. Il pénétra dans la bâtisse. Sur un comptoir, deux postes de radio bégayaient du rap et de la techno ; des survêtements traînaient sur des chaises. Aux murs était affiché le programme des activités : tennis, équitation, baignade…

Il explora les dépendances et les communs. Çà et là des enfants jouaient au ping-pong, au baby-foot, au basket.

En regagnant l'allée centrale qui le menait à la sortie, il aperçut une jeune femme qui s'avançait vers lui. Elle était élégante et jolie et il fut certain de l'avoir déjà vue, mais où ?

En la croisant, il la salua. Et elle lui répondit.

Il revint à Montmorency, repassant dans sa mémoire les événements des derniers jours. Étrangement un souvenir persistait : le visage de cette jeune femme qu'il avait vue dans le parc du château.

À son retour, Juliette lui déclara, amère :

– Tu vis en aimant une absente. Il n'y a pas de pire rivale.

Cette nuit-là, Vitalin rêva de la belle inconnue. Elle lui souriait doucement, s'approchait, allait le toucher. Il savait qu'elle le frôlerait, mais qu'il ne pourrait pas la retenir.

Il se réveilla en sursaut, se redressa dans son lit en criant « Yolande ! » et aperçut Juliette qui dormait près de lui.

# 14

Clovisse se leva à l'aube, la bouche pâteuse et la tête lourde. Le repas de la veille avait été copieux en vins, viandes, sucres et alcools divers. À côté d'elle, René ronflait. Elle fut prise d'une vague nausée et s'imposa une douche froide pour la dissiper ; elle laissa sur la table un mot bref qui invitait René à tirer la porte derrière lui quand il quitterait l'appartement.

Un taxi l'amena à Montmorency, rue Georges-Clemenceau. Elle avait le vague espoir d'y apercevoir le break, même si elle était persuadée que son propriétaire circulait encore sur la Côte. Qu'importe, les commerçants du quartier la renseigneraient sûrement sur ce Vitalin.

Elle fut très surprise, en passant devant le numéro 95, de reconnaître la voiture garée dans la rue.

– Ne vous arrêtez pas, ordonna-t-elle au chauffeur. Connaissez-vous une agence de location de voitures ouverte le dimanche ?

Cette fois, elle était décidée à ne pas se laisser semer.

À peine s'était-elle garée à l'angle de la rue voisine que le jeune homme sortait du pavillon, montait dans son break et, après avoir rejoint les quais de Seine, gagnait l'A 10.

Clovisse gardait ses distances. Pourtant, entre deux sorties, elle s'offrit le luxe de doubler Vitalin, jugeant excitant de précéder celui qu'elle suivait. Elle ralentit devant un camion et se laissa à son tour dépasser par le break. Il quitta l'autoroute peu après Orléans et acheva sa course devant la grille du château de Courbouzon.

Entrer ? C'était imprudent. Clovisse regardait alternativement le château et l'affiche volée sans comprendre ce qui les reliait.

Elle se rendit à la mairie ; elle était fermée.

– Vous cherchez quelque chose, mademoiselle ?

L'inconnu qui l'avait hélée était jeune, souriant et rasé de frais. Comme elle hésitait à répondre, il l'encouragea :

– Je suis le premier adjoint. Que puis-je faire pour vous ?

– Votre commune possède un superbe château. Est-ce qu'on le visite ?

– Le château ? Hélas, mademoiselle, aujourd'hui il appartient à un comité d'entreprise. Mais je peux vous raconter son histoire…

Clovisse apprit ainsi comment était né le premier projet d'Écoland.

– Mon père était alors maire du village. Les

propriétaires du château lui donnaient du fil à retordre…

– Les propriétaires ? Ils étaient donc plusieurs ?

– Oui, rien que des scientifiques, des intellectuels, des étudiants.

Au ton un peu méprisant, Clovisse comprit que l'adjoint mettait dans le même sac toutes ces espèces peu recommandables.

– Une fois le château vendu, que devinrent les occupants ?

– Ça je l'ignore ! Après s'être déchirés, ils se séparèrent. Chacun dut repartir vivre sa vie de son côté.

En quittant le jeune maire adjoint, Clovisse songea que son enquête risquait de s'enliser dans la recherche des anciens membres de cette association. Avait-elle d'ailleurs un rapport avec l'Écoland d'aujourd'hui ?

Quand elle revint au château, elle fut soulagée de constater que le break était toujours là. Elle s'engagea dans l'allée. Elle avait à peine fait trois pas qu'elle aperçut, s'approchant d'elle, l'inconnu.

Ce n'est plus un inconnu, se dit-elle, je sais qu'il s'appelle Vitalin, je sais où il habite et où il veut aller.

Elle ne pouvait plus reculer.

Le gravier crissait sous ses pas ; sa gorge fut soudain très sèche, et ses mains moites et fébriles comme celles des musiciens avant le premier accord de l'orchestre.

– Bonjour, lui dit Vitalin.

– Bonjour, répondit Clovisse.

Ils se croisèrent. Ni l'un ni l'autre ne se retourna.

Continuant d'avancer, Clovisse se demanda si elle n'avait pas souhaité cette rencontre, comme ces événements qu'on redoute et qu'on provoque à la fois.

Elle regagna Paris sans chercher à retrouver Vitalin.

Revenue dans son appartement, elle s'imposa une heure de pensum en rédigeant un rapport complet pour Étienne Dupuis. Elle alla le poster et rumina son dépit. Ainsi elle en était réduite à suivre quelqu'un, comme ces mauvais élèves qui copient sur leur voisin. À ce petit jeu, elle risquait de rendre un devoir plein de fautes.

Elle ne se résolvait pas à aborder Vitalin de front pour l'inviter à unir ses efforts aux siens. Mais la détermination de ce garçon la troublait. Elle ignorait tout de lui, ce qui n'était pas pour lui déplaire. Comment savoir ce qu'il savait ? Comment le pister désormais ? S'il la revoyait, il se saurait suivi. Elle repensa à son manège sur l'A 10.

« Inversons les rôles ! Je le précéderai, provoquerai une rencontre et l'accuserai de me suivre. »

Elle s'endormit en se demandant quelle situation permettrait un tel subterfuge.

Le lendemain, elle partit tôt pour Montmorency avec sa voiture de location. Elle se posta aux abords du pavillon. Le break était bien là.

Vers midi, Vitalin sortit. Elle suivit son véhicule jusqu'au RER de la station Saint-Gratien. À regret, Clovisse abandonna sa voiture. Vitalin descendit gare de Lyon et prit un TGV pour Besançon. Clovisse n'eut que le temps de se procurer au distributeur un billet de première classe, moins par goût du luxe que pour éviter d'être assise dans la même voiture que Vitalin.

À présent, elle avait du mal à comprendre les motifs de l'euphorie qui s'était emparée d'elle ; elle voulait s'imaginer que ce train partait pour Écoland. Mais Vitalin n'avait pas de bagages. Et Clovisse peu d'illusions.

À Besançon, elle sauta sur le quai et le suivit.

Il descendit à pied jusqu'au centre-ville. Parvenu dans la gare routière, il parut hésiter puis monta dans un car.

En lisant sa destination, Clovisse comprit.

– Arc-et-Senans, la saline !

Une semaine auparavant, à la bibliothèque de Beaubourg, elle avait consulté un article sur ce projet de ville utopique conçu plus de deux cents ans auparavant par l'architecte Claude Nicolas Ledoux.

Elle n'attendit pas le départ du car et héla un taxi qui, une demi-heure plus tard, la déposait devant l'imposant porche de la cité.

Elle entra, et resta un instant fascinée. Le parc, parfait demi-cercle, était ceinturé de bâtiments lourds et sévères qui épousaient la forme exacte de l'arc. Inexplicablement le lieu lui rappela Porquerolles. C'était, à sa façon, une île. Un chemin menait au bâtiment central de la saline, deux autres le contournaient. Une structure qui suscitait la réflexion et imposait le recueillement.

Elle se mêla au public clairsemé et erra un moment dans les grandes salles courbes, sonores et vides. Elle s'attarda plus longuement dans celle qui était consacrée à l'architecture de demain. Là une trentaine de panneaux exposaient les projets vraisemblables et fous d'architectes d'hier et d'aujourd'hui. Elle hésita en apercevant un escalier imposant qui menait au Centre international de réflexion sur le futur. Non, elle attendrait Vitalin ici, dans ce musée de l'avenir.

Depuis qu'elle avait franchi la porte monumentale de la ville, elle songeait à Œdipe qui, croyant fuir ses parents, précipitait sa rencontre avec eux. Œdipe qui pensait vaincre le sphinx et, le confondant, se condamnait. Et quand, au détour d'un panneau, elle se trouva face à Vitalin, elle comprit qu'elle avait préparé pour elle-même le piège qu'elle tendait à un autre, et dans lequel elle tombait maintenant.

# 15

Le lendemain de sa visite au château de Courbouzon, Vitalin prit le premier train pour Besançon. Ce voyage à Arc-et-Senans lui livrerait-il la clé d'Écoland ? Il l'espérait tout en doutant, les anciens collègues de Villebon ne se réunissaient là qu'une fois par an et il ignorait quand. D'après ce qu'il avait compris, ils n'avaient aucun rapport avec ceux qui avaient fondé le véritable Écoland. Aussi il effectuait ce périple à tout hasard, comme ceux qui vont à Lisieux ou à Lourdes, espérant un miracle sans trop y croire.

De la gare, il descendit à pied vers le centre-ville, où il emprunta un car pour la saline.

Le véhicule se remplissait lentement de voyageurs. Vitalin songea soudain à Yolande, dont le visage s'estompait de sa mémoire. Il prit conscience qu'elle devenait, au bout d'un fil qu'il suivait avec entêtement, un objectif de plus en plus mince, un but qui se déformait en s'éloignant. Il s'aperçut qu'elle comptait moins que le chemin qui menait à elle, moins qu'Écoland qui, devant lui, reculait.

– Face à nous, vous apercevez la saline royale, dit le chauffeur.

La route, droite, y aboutissait, balisée par des arbres rigides. Alentour, la nature semblait avoir fui cette structure immense son relief et son équilibre possédaient l'évidence des chefs-d'œuvre, celle des cathédrales, des temples et des pyramides.

Le chauffeur, au micro, récitait un texte appris par cœur :

– À l'origine, Claude Nicolas Ledoux avait conçu un projet grandiose et une ville idéale entièrement circulaire. Il souhaitait que les hommes puissent y travailler, dormir, se distraire... Cette cité n'a été édifiée qu'en partie. L'architecte visionnaire n'a pu achever son utopie.

Vitalin n'en était pas étonné, il appartient toujours aux générations futures de boucler le cercle amorcé.

La ville idéale paraissait immuable, destinée à subsister ici après les civilisations éphémères. Vitalin se sentait à la fois attiré par cette forteresse, et découragé face à sa sévérité. Comme si, captivant l'attention des hommes grâce à sa perfection démesurée, elle repoussait aussitôt leur volonté.

Il franchit l'entrée, aperçut les bâtiments juxtaposés, fermés sur ce parc austère, et il comprit.

Il comprit que la saline était une roue immobile, incomplète, dont le vitalisme latent lançait aux hommes un défi : Je suis là pour être connue, aimée, pénétrée et de cette union doivent naître votre devenir et mon achèvement.

Une fois encore Vitalin repensa à Yolande. Ce n'était plus elle qu'il poursuivait, il en fut désormais certain. En s'engageant dans le demi-cercle, il venait de se faire happer par la mâchoire ouverte d'une monstrueuse mécanique, celle du destin.

Il entra dans le bâtiment des tonneliers ; il était nu, dallé, surmonté d'une charpente de bois colossale. Nouveau Jonas, il était devenu le voyageur imprudent pris sous la coque inversée d'un navire.

Des touristes le rejoignirent. Il lui sembla qu'ils chuchotaient à voix basse : « Yolande est passée par ici. La saline est le seuil d'Écoland, son tremplin, l'ultime étape ! » Il sursauta en apercevant le panneau : « Centre international de réflexion sur le futur. Bâtiment C. 1er étage. »

Il suivit la flèche et passa le seuil du bâtiment des maréchaux, une salle identique à celle qu'il venait de quitter ; elle abritait une exposition sur l'architecture utopique. Des panneaux de bois affichaient les plans de nombreux visionnaires : théâtres, forts, cénotaphes, habitations troglodytiques, villes flottantes dans la baie de Tokyo ou cités de métal en orbite résultant des travaux d'O'Neill.

Vitalin se fraya un chemin dans le labyrinthe des panneaux pour accéder à l'escalier. Quelques badauds s'écartèrent.

Et soudain, il se retrouva face à la jeune femme de la veille.

Il s'arrêta puisqu'elle lui barrait le chemin. La surprise semblait la clouer sur place.

Il connaissait cette inconnue. D'ailleurs elle lui sourit.

– Bonjour, dit-il encore.

– Bonjour, répondit-elle pour la deuxième fois.

Alors le fil se déroula jusqu'au bout. Il avait croisé cette jeune femme dans le parc du château de Courbouzon. Hier, il l'avait saluée. Car il l'avait identifiée comme l'une des spectatrices qui, à Hyères, assistaient à la pièce…

Écoland, Écoland, Écoland !

Les trois coups viennent d'être frappés.

La porte s'ouvre, le rideau se lève.

Elle dit :

– Je m'appelle Clovisse.

Il dit :

– Je m'appelle Vitalin.

Ils effectuent un pas chacun. Simplement, ils se serrent la main – parce que le public les entoure, qu'ils sont spectateurs l'un de l'autre et qu'il est encore trop tôt pour improviser.

# ÉCOLAND

## Lundi soir

Vitalin avait oublié pourquoi il était venu. Car Clovisse accaparait son attention ; il brûlait de la regarder mais s'imposait de marcher à ses côtés avec la feinte décontraction de ceux que le hasard réunit.

– J'ai l'impression, dit-elle en souriant, d'avoir été suivie jusqu'ici.

– Je ne t'ai pas suivie, je te le jure ! se défendit-il vivement.

Il se reprocha le tutoiement. Clovisse n'était pas de celles qu'on tutoie tout de suite, elle était de celles qu'on vouvoie, toujours, même lorsqu'on leur dit tu.

– Nous cherchons... la même chose, je suppose, reprit-il. Pourquoi es-tu venue à Arc-et-Senans ?

– Sur les conseils d'un étudiant de Villetaneuse, Frédéric Klein. Il a écrit une thèse sur Écoland.

Autour d'eux, des touristes flânaient, affichant un intérêt désinvolte.

– Et eux, pourquoi sont-ils ici ? demanda-t-il.

– Pour voir. Pour dire qu'ils ont vu. Pour *être vus voyant*, aussi.

Ils se reconnaissaient étrangers à cette foule. Ils savaient pourtant qu'ils s'y fondaient aisément, ce qui leur était agréable et rassurant. Ils déambulèrent longtemps dans les bâtiments, chacun évoquant tour à tour les impasses de sa quête sans jamais avouer ses motifs personnels. Vitalin s'interrompait souvent pour observer les allées et venues des visiteurs.

– Qui cherches-tu ? questionna-t-elle.

– Des gens qui nous ressemblent. Un groupe qui nous rassemble. S'il existe ici quelqu'un pour nous montrer le chemin d'Écoland, peut-être attend-il que nous soyons plusieurs.

Très vite, ils surent qu'ils étaient deux.

L'après-midi s'avançait. Ils sortirent dans le parc.

– Asseyons-nous, dit Clovisse.

Ils se taisaient maintenant, conscients que raconter leurs deux passés ne leur permettrait pas de construire cet avenir qui faisait du surplace. Chacun pourtant savait qu'il eût fallu parler, car leurs silences nouaient une complicité qui les embarrassait. C'est ce à quoi pensait Vitalin, c'est ce à quoi pensait Clovisse. Et l'un et l'autre se doutaient que c'était là ce que l'autre pensait.

La clarté d'un éclair les fit sursauter, un orage éclatait, inattendu, brutal. Ils détalèrent. Clovisse trébucha. Sa main, mouillée, glissa dans celle de Vitalin qui se tendait. Après que Clovisse se fut relevée sans aide, leurs mains continuèrent de se chercher ; elles se trouvèrent et se serrèrent enfin.

Ils coururent se réfugier dans le bâtiment où ils s'étaient rencontrés. Cette fois, il était désert. Clovisse riait en silence, bouche ouverte et visage renversé.

Un préposé en costume sombre les avertit que l'heure de la fermeture approchait. Vitalin désigna l'escalier, indiquant qu'ils désiraient se rendre au premier étage.

– Désolé, annonça l'homme, les chercheurs sont en vacances. Le Centre de réflexion sur le futur est fermé.

La formule leur parut absurde, mais étrangement d'actualité.

– Nous sommes des chercheurs, dit sèchement Clovisse. Nous voulons voir le responsable de la saline.

L'employé s'éloigna, mécontent du contretemps. Il revint une minute plus tard accompagné d'un homme élégant, grand, roux, frisé, vêtu d'une étonnante lavallière et d'une superbe veste à carreaux. Il gratifia le couple d'un vrai sourire.

– Je suis Richard Edwards, le conservateur. Vous souhaitiez vous entretenir avec moi ?

Il avait un fort accent anglais. Il les invita à gravir l'escalier puis à entrer dans un grand bureau, dont la décoration et le mobilier, fantaisistes et colorés, contrastaient avec la sévérité de l'architecture. Ils prirent place dans de larges fauteuils de cuir fauve.

– Si j'ai bien compris, vous souhaiteriez être hébergés ici quelque temps ?

– Nous voudrions partir pour Écoland, avoua Clovisse.

Le sourire du conservateur se teinta d'embarras.

– Vous n'êtes pas les premiers à me faire cette demande insolite. Parfois se forment ici des groupes qui cherchent… Écoland. J'ignore pourquoi la saline est devenue pour eux un point de ralliement. Je leur offre l'hospitalité. Habituellement, ils restent un jour ou deux puis ils partent.

– Où vont-ils ?

– Je l'ignore. Le savent-ils eux-mêmes ?

Il soupira et pesa ses mots pour affirmer :

– Mais je suis certain qu'ils trouvent. À force de croire aux choses, on finit par leur donner vie.

– Que voulez-vous dire ? demanda Vitalin.

Le conservateur réfléchit. Ils le sentaient animé de la meilleure volonté du monde, soucieux d'expliquer, d'éclairer, de traduire – mais incapable de livrer une solution qu'il ne possédait pas. Soudain, il déclara :

– Connaissez-vous *Donogoo Tonka* ? C'est une pièce de Jules Romains, l'histoire d'un géographe distingué qui, parce que de nombreux documents en font mention et que tout le monde en parle, place très précisément sur une carte, en Amérique du Sud, la ville de Donogoo Tonka. Confiants et attirés par l'or – car la ville semble édifiée au sein d'un nouvel Eldorado – des voyageurs se rendent sur place. Surprise ! Là où la carte situait la fameuse cité, il n'y a que la brousse. Les colons élargissent leurs recherches… rien ! Ils interrogent les indigènes et doivent se rendre à l'évidence : la ville n'existe pas.

– Mais Écoland existe, affirma Vitalin.

– Attendez… La nouvelle arrive en Europe jusqu'au géographe. On l'accuse de négligence, de forfaiture. Il se défend ; il s'est fié aux documents, aux affirmations d'autrui. S'il fallait chaque fois se rendre sur place pour vérifier l'existence des villes ! Pendant ce temps, les pionniers s'organisent. Par centaines, par milliers, ils affluent vers l'emplacement de la cité mythique. Et bientôt, par nécessité, ils la fondent. Comprenez-vous ? Ils bâtissent cette ville là où ils croyaient la trouver.

– Écoland n'est pas Donogoo Tonka.

– Et nous ne sommes pas assez de deux pour la construire, ajouta Clovisse.

– Restez ici, suggéra le conservateur. Et attendez. D'autres pourraient vous rejoindre ?

Vitalin remercia et lança :

– Si vous faites la même offre à tous ceux qui cherchent Écoland, vous devez souvent afficher complet !

– Détrompez-vous ; et le sourire du conservateur s'accentua. Vous êtes écrivain, sans doute ?

– Peintre par vocation. Dessinateur par nécessité.

– Et vous, mademoiselle, vous êtes étudiante ?

– Je suis… je suis « en vacance », répondit Clovisse après avoir réfléchi.

– Eh bien sachez que les créateurs restent peu de temps à la saline. Le contrat que passe notre centre avec eux comporte une clause rigide. Nous les hébergeons gratuitement, mais ils n'ont pas le droit de sortir. Ils pourraient œuvrer dans la sécurité, le calme… Eh bien non, ils partent !

– Mais pourquoi ? s'étonna Vitalin.

– La saline est une cité étrange, révéla Richard Edwards.

Cette fois, il ne souriait plus. Il alla jusqu'à la fenêtre pour observer le parc clos, en contrebas. Songeur, il poursuivit, le regard perdu :

– Ce qui a guidé Claude Nicolas Ledoux, c'est l'harmonie, l'efficacité, le travail. Mais la perfection va de pair avec l'intransigeance. Celui qui vit à la saline est guetté par la folie, il doit échapper au cercle qui se referme sur lui…

Enfin il se retourna et murmura avec embarras :

– J'espère que je ne vous effraie pas ?

Il les raccompagna jusqu'au rez-de-chaussée. La saline semblait vide, les guichets étaient fermés. Au-dehors, dans une lumière de métal, la pluie battait la pelouse et les allées du parc.

– Dix-neuf heures. Tous les cars sont repartis. Bien sûr, vous êtes venus en voiture ?

Devant leur mine déconfite, il éclata de rire.

– Vous trouverez dans le bourg d'Arc-et-Senans restaurants et hôtels.

Vitalin prit alors seulement conscience qu'il n'avait rien mangé depuis le matin. Richard Edwards les entraînait déjà vers la maison du directeur et ajoutait comme si la chose était entendue :

– Mais je serais ravi que vous soyez mes hôtes.

– C'est très aimable à vous, dit Clovisse sans même consulter Vitalin.

Ils dînèrent au centre d'une gigantesque salle sonore, peu éclairée, dans laquelle une dizaine d'employés mangeaient en chuchotant.

Richard Edwards était un homme affable, cultivé, tolérant, à l'écoute des autres et du monde. N'ayant obtenu que des réponses évasives à ses questions polies, il parla pour eux trois, longuement. Il raconta son veuvage et la soif d'absolu qui l'avait suivi, son attachement quasi mystique à la saline dont il essayait, à sa façon, de sonder l'âme. De temps à autre, il prenait à témoin le couple qui l'écoutait avec une attention aiguë. Son « vous » n'était pas pluriel, mais singulier de politesse, car ses interlocuteurs, à ses yeux, n'en faisaient qu'un.

– Je n'aime pas, avoua-t-il, ce terme de « conservateur ». Il suppose l'attente et la mort. Par surcroît, il est faux car on ne me paie pas pour garder l'immeuble en l'état mais pour contrôler son vieillissement.

– Je ne comprends pas, avoua Vitalin.

– Eh bien la saline doit conserver l'apparence qu'exige notre jugement contemporain, donc fluctuant, de l'histoire. C'est-à-dire qu'elle doit ressembler à l'idée qu'aujourd'hui nous avons d'autrefois...

Clovisse fit la moue, trahissant qu'elle non plus ne comprenait pas.

– ... à la manière de ces tableaux anciens que les

peintres restaurent, précisa Richard Edwards. Ils tentent de retrouver la fraîcheur des couleurs que les siècles ont ternie. Certains amateurs d'art condamnent cette pratique et s'étonnent : quoi, cette fresque n'a plus les teintes mordorées qu'on aimait ? Les clairs-obscurs ont pris du contraste ?

Vitalin approuva. Le conservateur abordait un problème qui l'avait souvent effleuré. Lui-même, en art comme dans la vie, n'était-il pas à la poursuite d'un absolu qui lui échappait au moment où il pensait l'approcher ? Edwards reprit en riant :

– Imaginez la réaction du public si l'on retrouvait les bras de la Vénus de Milo, si l'on remettait en place la tête de la Victoire de Samothrace ! En vérité, nous exigeons que toutes les œuvres, même celles qui sont défigurées ou inachevées, soient respectées dans leur nouvel état et suivent le rythme de notre propre vieillissement… Mais je vous ennuie avec mes histoires. Vous devez tomber de sommeil, venez.

La salle était depuis longtemps vide, rendue plus vaste encore par les éclats intermittents des éclairs. Au-dehors, les grondements du tonnerre s'éloignaient pour laisser place au spectacle muet de la pluie.

Ils suivirent le conservateur. Par un escalier monumental, il les mena sur un palier obscur. Il ouvrit la porte d'une chambre.

– Le confort est très spartiate, j'espère que vous vous en contenterez. Par principe, nous veillons strictement aux économies d'énergie. Je vous souhaite une bonne nuit. Nous nous retrouverons en bas vers huit heures, pour le petit déjeuner.

Ils restèrent sur le seuil, écoutèrent décroître les pas de Richard Edwards tandis que s'amplifiaient les battements de leurs cœurs.

Ils se faisaient face dans la pénombre. Clovisse alluma la lumière, une ampoule nue à la clarté avare, puis elle jeta son petit sac de toile sur le lit.

– Eh bien voilà, conclut-elle, car c'était là pour elle un aboutissement.

Vitalin évitait son regard. Il pensait en désordre, c'est impossible, prématuré, je ne voulais pas que cela arrive – et il savait que c'était possible, qu'il était temps et que cela arriverait forcément. Il avait peur, sans bien savoir de quoi exactement.

– Bien sûr, lança-t-il d'une voix mal assurée, il ne pouvait pas comprendre que nous n'étions pas ensemble…

« Allons donc, nous sommes ensemble », répondait le regard de Clovisse. Précipitamment, il jeta :

– Je vais voir ! Il y a sûrement d'autres chambres… Monsieur Edwards ?

Il s'engagea dans le couloir, explora plusieurs paliers, revint penaud.

– Toutes les portes sont fermées à clé. Je vais dormir à l'hôtel.

Clovisse lui saisit la main.

– Ne sois pas stupide, Vitalin. Reste.

– Je préfère partir. Je te jure, Clovisse, c'est mieux ainsi. À demain.

Prononcer ce nom l'enivrait un peu. Maintenant, il hésitait à s'éloigner.

– À demain, répéta-t-il comme pour mieux se persuader de la nécessité de s'éloigner.

Il quitta le bâtiment et rejoignit l'entrée principale de la saline.

Les grands vantaux de bois étaient fermés. Longtemps, il chercha une sonnette. Il la trouva enfin, appuya, attendit, insista.

La pluie hachait l'herbe du parc, ruisselait sur les murs, inlassable. Parfois un éclair découpait sur le ciel l'ombre continue des bâtiments ; leurs toits hérissés évoquaient les dents d'une gueule obscure, ouverte.

Personne ne venait. Il s'affola. Retourner chez Clovisse ? Prétendre que les hôtels étaient complets ? Ou bien passer pour ridicule en avouant la vérité ? Il ignorait ce qu'il redoutait : la saline, Clovisse ou lui-même. Mais l'idée de rester prisonnier ici soulevait en lui une incoercible panique. Enfin, une lampe s'alluma dans la loge. L'employé de l'après-midi apparut, s'étonna, lui ouvrit.

Vitalin courut vers les lumières lointaines des hôtels. La pluie avait le goût tiède et amer de la liberté.

# Mardi

Le lendemain matin, quand Clovisse descendit, elle trouva Vitalin attablé avec leur hôte. Tous deux affichaient une belle humeur.

– Votre ami m'a dit que vous souhaitiez partir, lui apprit Richard Edwards en se levant. Je suis navré de ne pouvoir vous aider. Mais la saline vous reste ouverte.

Ils regagnèrent Besançon par le premier car du matin. À la gare, Clovisse acheta d'autorité deux allers première classe pour Paris.

Dans le train, Vitalin observa, songeur, le paysage qui défilait à trois cents kilomètres à l'heure. Contre lui, la robe et le souffle de Clovisse l'effleuraient sans cesse. Il se sentait grisé par la vitesse et troublé par la proximité de la jeune femme. Il murmura sans la regarder :

– Pardonne-moi d'avoir fui la saline. Mais à quoi bon y rester ? Elle ne nous aurait rien apporté, tout comme ton voyage sur cette île.

– Porquerolles ? Je ne sais pas… Si nous cherchions un dénominateur commun à ces lieux, qui sait s'il ne nous révélerait pas Écoland ?

Leurs visages se tournèrent l'un vers l'autre puis vers la vitre – comme si Écoland, tout à coup traversé, leur échappait.

Vitalin demanda soudain :

– Si un mot résumait l'impression que tu gardes de Porquerolles ?

– La lumière. Et quel mot résumerait la saline ?

– L'obscurité, dit Vitalin. C'est une cité de ténèbres. Et son conservateur ne se soucie guère de l'éclairer.

Le TGV traversait la grande banlieue parisienne, hérissée de pylônes et d'antennes. Clovisse sembla frappée par une évidence.

– Richard Edwards économise l'énergie, voilà pourquoi la saline est sombre. Sur Porquerolles le soleil est gratuit...

– J'imagine en effet, compléta Vitalin, qu'on utilise en Écoland l'énergie solaire. Peut-être même la force des vents. La terre doit être cultivable, mais la région peu peuplée...

– Ce faisceau de dénominateurs devrait nous guider ! dit Clovisse qui déduisit à voix haute : si Écoland a remplacé les moyens habituels de production d'énergie, la consommation d'électricité de la zone qu'elle occupe a chuté. Cette baisse pourrait être un moyen de la repérer.

– En admettant qu'Écoland occupe une zone habitée ! Et à condition que nous ayons le moyen d'accéder aux chiffres des consommations !

– Bah, ces données sont en mémoire dans des ordinateurs.

– Cela nous complique la tâche, soupira Vitalin.

– Cela nous la facilite, au contraire.

Gare de Lyon, ils firent la queue pour emprunter un taxi.

La foule et le bruit dissipaient la magie de la veille. Serrés l'un contre l'autre à l'arrière du véhicule, ils voyaient s'effilocher ce qui avait failli se nouer ; ils voyaient approcher le moment où il faudrait soit se quitter, soit trouver le prétexte de ne pas se quitter.

Le taxi s'arrêta rue Saint-Martin, Clovisse sortit. Comme Vitalin ne bougeait pas, elle se pencha vers lui. Il espérait et redoutait la question qu'elle allait lui poser. Il se sentait attiré par cette femme qui n'était pourtant pas Yolande. Un adieu bref et définitif aurait mis un terme à ce bout de chemin qu'ils avaient effectué ensemble. Mais elle demanda :

– Veux-tu rester avec moi ? Ou préfères-tu rentrer chez toi ?

Il songea à Juliette qui l'attendait à Montmorency, à son garage-atelier, à ses planches de BD inachevées.

– Je ne veux pas te quitter.

L'ascenseur les conduisit au dernier étage du petit immeuble luxueux. Le séjour, baigné de clarté, était propre, rangé – impeccable. Clovisse invita son hôte à s'asseoir, à se servir à boire. Elle écouta les messages enregistrés en son absence, puis composa un numéro.

– C'est l'agence de location ? Je suis Clovisse Rigoulet. J'ai laissé le véhicule que j'ai emprunté hier à une station de RER. Serait-il possible que vous alliez le récupérer ?

Après avoir raccroché, elle s'excusa auprès de Vitalin et appuya sur un seul bouton de son clavier.

– René ? Je suis rentrée. Écoute, avant d'accepter ton invitation, j'ai un gros service à te demander... Attends, cette fois il se peut que ce soit difficile.

Elle rit et Vitalin, conscient d'être indiscret, se leva pour rejoindre la fenêtre ouverte et observer le Centre Pompidou. La foule grouillait sur la place. Au téléphone, Clovisse expliquait ce qu'elle désirait.

– En fin de semaine, tu es sûr ?... Non, pour l'instant je suis très occupée. Je t'embrasse, tu es un amour.

Elle raccrocha et expliqua :

– J'ai un ami dont le père est avocat. Il possède des relations... très étendues ! Ma question l'a étonné, il ne m'a rien promis.

Vitalin sourit gauchement. Il examinait les lieux.

– J'ai faim ! dit-elle. Si nous allions dîner ?

Il n'était que seize heures, mais ils n'avaient rien mangé depuis leur petit déjeuner à la saline. Vitalin suggéra :

– J'ai aperçu un Mac Do au coin de la rue.

– Tu plaisantes ? Je connais un excellent restaurant qui sert de vrais repas à toute heure.

Ils prirent place en terrasse, face au forum. Clovisse commanda des fruits de mer et du vin.

Très vite, Vitalin sut qu'il était gris ; ou plutôt qu'il flottait dans cet état d'agréable hébétude qui pousse aux aveux et à la tendresse. Il parla de lui, évoqua son enfance et sa mère, son métier et ses amis, qu'il méprisait un peu. Il avoua ses projets avortés, ses insatisfactions répétées, ses idéaux d'amour et de travail jamais atteints. Il escamota Yolande.

Clovisse monologua à son tour : son père, l'usine, sa jeunesse dorée, ses actuelles études de droit – mais elle tut la faillite, la fuite et la façon dont elle gagnait sa vie aujourd'hui.

Ils se soûlèrent de vin blanc et de confidences incomplètes. Vers vingt heures, les premiers clients arrivèrent et ils sortirent. Vitalin prit le bras de Clovisse et elle saisit sa main.

Quand ils entrèrent dans l'appartement, le téléphone sonnait. C'était René ; il avait déjà laissé plusieurs messages sur le répondeur.

– Bien entendu, répondit Clovisse, mon ordinateur est relié à Télécom. Demain matin ? Tu es un chou.

Elle raccrocha et rit. Vitalin eut mal de ce rire. Il se sentait exclu d'une vieille complicité. En même temps, il se jugeait inexplicablement solidaire de ce René qui était devenu un instrument et l'ignorait. Il tituba et avoua :

– J'ai trop bu.
– Allonge-toi, gros bêta.
Il se rendit compte que Clovisse l'étendait sur le canapé, lui saisissait les jambes, ôtait ses chaussures. Il la vit partir vers la salle de bains et entendit la gifle prolongée de la douche.
Il sortit de sa torpeur quand une main fraîche se posa sur sa poitrine. Il faisait nuit. Une haleine toute proche l'effleura. Il devina aux froissements d'étoffes que Clovisse passait dans la chambre voisine et se glissait dans les draps. Il l'imaginait avec la précision des aveugles pour qui l'ouïe remplace la vue et aiguise les autres sens.
À présent, il ne dormait plus. Il comprenait que Clovisse était l'un de ces événements dont on croit rester maître et dont on est très vite devenu le jouet.

# Mercredi

La sonnerie du téléphone le réveilla en sursaut. Une seconde plus tard, Clovisse décrochait ; elle était en chemise de nuit. Le jour était levé, la pièce était baignée de clarté.

– Oui… Oui, bien sûr ! Attends, je mets tout ça en marche. Mais comment as-tu réussi à me relier aux archives centrales d'EDF ?

Sur l'écran de l'ordinateur, simple écran de lumière affiché sur le mur, des chiffres s'alignèrent. Puis le terme « password ? » s'inscrivit.

– Et tu as le code d'entrée du jour ? demanda-t-elle.

Elle frappa d'abord « skrivell », attendit ; il fallait un second mot de passe. Immobile, Vitalin fixait des yeux ce minuscule ordinateur d'où jaillissaient deux étranges faisceaux de lumière bleue.

– Tu peux me le dicter ? « izellan » ? Merci.

Des données s'affichèrent en défilant. Pour garder les mains libres, elle appuya sur la touche du haut-parleur. La voix de René surgit :

– On y va ? Qu'est-ce que tu veux savoir ?

Elle grimaça. Elle aurait préféré que René l'abandonne et la laisse opérer seule. Mais il était un intermédiaire obligé. Et utile.

– Le nom des communes dont la consommation d'électricité a nettement chuté depuis… disons ces cinq dernières années.

– Trop flou. Il faut traduire ta demande en chiffres !

Elle consulta du regard Vitalin qui chuchota :

– Il faudrait d'abord connaître la consommation moyenne annuelle d'une commune, disons, d'environ… trois mille habitants ?

La procédure se révéla plus complexe et plus longue que prévu. Clovisse étudiait les statistiques stockées dans les mémoires EDF, enregistrait sur son disque dur certaines données.

Vitalin, fasciné, l'observait. Elle déclara :

– Et pour les communes de mille habitants, je peux avoir les chiffres, René ? Tu as le temps ?

– Moi, oui. Mais regarde, la liste est longue.

– Sauf si ma demande concerne les villages dont la consommation a baissé de cinquante… non, disons soixante-dix pour cent. Par rapport au nombre d'habitants.

L'ordinateur de Clovisse travaillait tandis que de nouvelles données s'affichaient. Elle passa à quatre-vingts puis à quatre-vingt-dix pour cent.

– Tu vas trop loin, il n'y a plus rien ! protesta René.

Elle diminua le pourcentage. D'un coup, une

liste de noms s'aligna : quinze communes dans lesquelles, au cours des six dernières années, la consommation d'électricité, normale, était passée à un chiffre qui avoisinait zéro. Le regard de Clovisse s'éclaira.

– Intéressant. J'imprime. Dis-moi, René, pourrais-tu répéter demain la même acrobatie avec l'eau, le gaz et les télécoms ?

– Je n'en sais rien ! Tu n'imagines pas les complicités que j'ai sollicitées pour te contenter aujourd'hui !

– Voilà ce que c'est que de m'avoir habituée aux miracles. Merci, René, j'attends ton coup de fil.

Elle raccrocha. Vitalin, impressionné, songeait qu'il y a ceux qu'on élève dans la nécessité de l'obéissance, de l'abnégation, de l'effort, et ceux à qui l'on apprend très tôt comment se faire obéir.

– La liste, murmura Clovisse en saisissant la feuille crachée par l'imprimante.

Ils la lurent. Quatre communes étaient situées dans les départements de l'Aisne, l'Ardèche, la Corrèze, la Lozère. Onze se trouvaient dans la Somme : il s'agissait de Buigny-l'Abbé, Canchy, Caours, Drucat, Forest-l'Abbaye, La Bassée, Lamotte-Buleux, Le-Bout-des-Crocs, Neuilly L'Hôpital, Millencourt-en-Ponthieu et Vauchelles.

– Ces communes seraient-elles regroupées ? demanda Vitalin.

Ils consultèrent une carte au 200/1000 et constatèrent qu'elles étaient en effet toutes proches. Elles s'allongeaient suivant un arc de cercle de quatre kilomètres de large sur vingt de long. Un territoire cent fois plus petit que le département de la Somme.

– Cette fois, nous y sommes, dit Clovisse d'une voix qui tremblait un peu. Je crois que nous avons localisé Écoland.

Ils en dessinèrent du doigt les contours puis se consultèrent.

Ils se faisaient face, leurs visages étaient proches, leurs lèvres s'effleurèrent et Vitalin recula :

– Clovisse, tu ne me connais pas. Je ne suis pas assez intéressant pour toi.

– Te dénigrer ainsi, c'est ta façon de séduire ?

– Je ne cherche pas à séduire.

– Moi, si. J'aime plaire. J'aime réussir. Tu me plais, Vitalin, et je veux aller en Écoland. C'est Écoland ou c'est moi qui te fais reculer ?

Il pensait à ce que disait souvent Yolande : « Le bonheur ce n'est que l'attente ; Noël n'est beau qu'avant Noël. »

– Je n'ai pas la vocation du bonheur, je ne sais pas rendre heureux ceux que j'approche. Je suis très maladroit. Ce que j'éprouve pour toi...

Les mots s'arrêtèrent dans sa gorge. Pitoyable, il bredouilla :

– Je ne sais pas faire de compliments.

Elle lui mit l'index sur la bouche.

– Rassure-toi, des compliments, j'en entends. Si je les aime, je déteste souvent celui qui les dit. Peut-être que les femmes ne t'intéressent pas ?

Soudain, il sut pourquoi il avait accepté Juliette et pourquoi il reculait devant Clovisse : elle était à une hauteur qui lui donnait le vertige. S'il la rejoignait, il se ferait sûrement très mal en retombant.

– Les femmes, ce n'est pas l'essentiel. L'essentiel, c'est l'amour d'une femme. Et qu'il soit partagé, sincère, définitif.

– C'est peut-être beaucoup demander ?

– Cet amour, avoua-t-il, je l'avais trouvé. Mais je n'ai pas su le garder.

– Je ne me pose pas tant de questions, dit Clovisse. Mais si j'avais perdu mon Eurydice, je saurais sortir des enfers sans me retourner. À présent, Vitalin, il faut te décider. Tu m'accompagnes ou tu restes ?

– Je te suis, Clovisse.

Tandis qu'il se douchait, elle s'installa face à l'ordinateur et commença à rédiger son rapport. Très vite, elle s'interrompit. Avant-hier, dans le courrier qu'elle avait envoyé à Étienne Dupuis, elle révélait les coordonnées d'un certain Vitalin Drial, lui aussi en quête d'Écoland. Mieux valait attendre que se confirme la piste de ces fameux villages de la Somme. Elle conserva l'enveloppe timbrée, les feuilles délivrées par l'imprimante et les rangea dans un petit sac de voyage où elle entassa quelques vêtements de rechange. Elle hésita à peine avant d'y ajouter la montre de son père et l'améthyste.

Une demi-heure plus tard, leur taxi s'arrêtait devant le pavillon de Montmorency.

– Ma voiture n'est plus là, constata Vitalin avec agacement. Attends-moi ici deux minutes.

La maison était fermée à clé, les pièces parfaitement rangées. Sur la table de la cuisine, trois messages successifs avaient été griffonnés. Le dernier précisait : « Je suis au salon de coiffure. Je reviens à 19 heures 30. Walter a emprunté la voiture. Il y a des provisions au frigo. Je t'attends, je t'embrasse, tendresses. »

Vitalin fut contrarié que Juliette ne sache pas se faire détester. Il voulut appeler Walter ; son répondeur lui apprit qu'il était parti en province. Il attrapa presque au hasard un peu de linge, trois livres, des pinceaux et des couleurs, puis il tira la porte derrière lui.

Le taxi patientait, moteur au ralenti.

– Gare du Nord ! lança Clovisse au chauffeur.

À cause de la file réservée aux trams, leur véhicule dut stationner devant *Le Rendez-vous des Belges*. Clovisse y vit un signe sans pouvoir le traduire.

La gare était brûlante, bruyante et moite. Vitalin jeta un coup d'œil machinal à l'indicateur de pollution. Le taux de progression d'ozone était normal. Dans la bousculade du hall, tous deux étudièrent le réseau ferré. À quatre kilomètres d'un des onze villages, ils repérèrent la gare de Long-le-Catelet. Clovisse commanda au distributeur deux allers première classe ; il y avait une correspondance à Amiens.

Le train était bondé. À Amiens, ils mangèrent un sandwich au buffet en attendant le TER de 17 heures 22 pour Abbeville. La salle était pleine de musiques et de rires, de travailleurs et de vacanciers. Attablés, Clovisse et Vitalin se regardaient sans rien dire.

L'omnibus entra en gare. Ce n'était pas le TER attendu, mais une de ces antiques doubles voitures rouge et crème qui fonctionnent au fuel lourd et évoquent plus la marine que les chemins de fer. Seuls dix voyageurs montèrent. Il y eut un coup de sifflet, un jet de fumée crasseuse, et le convoi s'ébranla, cahotant et poussif.

Ils traversèrent à faible allure des cités ouvrières. Puis ce fut la campagne : des bois, des bocages, des prés en friche. Parfois, derrière un hortillonnage délaissé, se devinait un village aux maisons de torchis. Ici, les agglomérations se mouraient. Leur abandon soulignait leur détresse et les rares traces de vie leur déclin. Parfois, un peu de fumée coulait des cheminées grises, de la lumière filtrait par les carreaux cassés. Mais dans les rues, personne. Ces bourgs rappelaient les vieillards qui se cachent à l'approche de la mort et veulent leur souffrance muette.

L'autorail s'arrêtait souvent pour déposer un ouvrier en blouse et casquette ou pour prendre une paysanne au sac gonflé de provisions.

Long-le-Catelet était pareil aux autres gares du parcours : un quai, une bâtisse modeste au toit de fausses ardoises et trois maisons alentour. Clovisse et Vitalin furent les seuls à descendre. Et personne ne monta dans le train qui repartit en ahanant.

Ils consultèrent la carte. Les villages supposés constituer Écoland s'étendaient au-delà des étangs de la Somme.

Ils s'engagèrent sur une longue route étroite qui, telle une digue, franchissait les étangs. Sur deux kilomètres, ils ne croisèrent ni véhicule ni âme qui vive. Un crépuscule timide donnait à l'eau des teintes pastel et aux canards de la hardiesse. Une brume légère dessinait une frontière floue entre les joncs et les rives.

Ils franchirent un pont et entrèrent dans le village de Long où trois fenêtres étaient éclairées. Au détour d'un virage, un vieil homme assis sur une chaise au seuil de sa maison semblait les attendre en dodelinant de la tête. Sa bouche et ses yeux s'étiraient dans une expression figée, comme s'il avait fixé le soleil trop longtemps. Vitalin lui lança :

– Nous cherchons Écoland. Sommes-nous sur le bon chemin ?

Le vieillard sourit et approuva. Cent mètres plus loin, Clovisse se retourna. Le vieux continuait de les regarder en hochant la tête.

Ils parvinrent sur un plateau aux champs récemment moissonnés. La route était de plus en plus mal entretenue, criblée de nids-de-poule et d'ornières. Devenue chemin de terre, elle se mit à sinuer entre prairies et vergers.

Ils croisèrent une nationale où un panneau indiquait les directions opposées d'Amiens et d'Abbeville. Ils la traversèrent pour rejoindre leur sentier. Très vite. Ils s'enfoncèrent dans le sous-bois.

Il ne songeaient ni à s'arrêter ni à revenir en arrière ; ils continuaient, obstinés, d'un pas régulier, mesuré.

Soudain, à une certaine qualité de l'air, du silence ou du vent, ils devinèrent qu'ils approchaient. Malgré le crépuscule, la lumière était plus vive. Le chemin, plus régulier, devenait aussi plus étroit ; on eût dit que chaque caillou y avait sa place. Même les herbes folles des bas-côtés paraissaient entretenues.

Ils avançaient sans rien dire, craignant de rompre le charme.

Au loin, une cloche tinta. Devant eux, l'horizon s'éclaircit. Dans la verdeur du bois qu'ourlait la courbe d'une colline, un toit rouge faisait tache. Bercé par la houle, un champ d'avoines bien grenées ondulait la soierie de sa surface étale. Une alouette virevolta dans l'air qu'elle agitait comme pour lui donner vie tandis que son pépiement fou se dissolvait dans le vent.

Ils aperçurent, toute proche, une haute bâtisse de brique au toit fortement pentu. C'était une maison forestière flanquée d'une tonnelle et d'un banc. Le lieu était habité, à côté de la porte ouverte était posée une bicyclette. Ils s'arrêtèrent pour reprendre haleine. Ils étaient trempés de sueur.

Une jeune femme aux cheveux courts, vêtue d'un polo et d'un pantalon de toile, sortit de la maison. Elle les salua sans paraître étonnée de cette visite.

– Nous cherchons Écoland, expliqua Vitalin en se levant.

L'inconnue les considérait sans un mot.

– Est-ce que nous y sommes ? insista Clovisse.

– Je vis seule ici, répondit-elle d'une voix calme et égale. Je m'appelle Millie. Vous êtes épuisés. Entrez.

Le rez-de-chaussée était constitué d'une pièce unique au fond de laquelle chuintait un fourneau de fonte. Face à un grand canapé de tissu se trouvait un ordinateur que Millie éteignit, mais ses hôtes eurent le temps d'identifier sur l'écran le sigle caractéristique d'Internet.

Vitalin et Clovisse se nommèrent et interrogèrent Millie qui se contenta de répondre :

– Asseyez-vous. Mangez. Vous poursuivrez votre route demain.

Elle mit à cuire des œufs et des tomates, et vint s'attabler avec eux.

Le feu ronflait. Non loin, un chat ronronnait sur une pile de bois. Tout était silence et ils ne ressentaient plus le besoin de parler. Ils mangeaient lentement, au rythme de Millie qui semblait savourer chaque bouchée.

Après le repas, elle les entraîna à l'étage et les fit pénétrer dans une chambre parquetée, lambrissée, tiédie par la cheminée dont le conduit grimpait le long du pignon. Ils se souhaitèrent bonne nuit et Millie referma la porte. Ils l'entendirent descendre l'escalier de bois qui grinçait à chacun de ses pas.

La pièce baignait dans une demi-pénombre ; elle sentait la cire et la pomme. Clovisse et Vitalin restèrent longtemps debout à goûter ce crépuscule mourant.

– Crois-tu que nous arriverons ? demanda Vitalin, et sa voix était douce et nouée.

– Je ne sais pas. Mais nous sommes loin, très loin de tout à présent.

Leurs mains se trouvèrent, et leurs visages, et leurs lèvres.

En prenant Clovisse dans ses bras, Vitalin fut décontenancé de la découvrir si petite, si frêle – si accessible. Il n'était plus effrayé.

Quant à Clovisse, elle fut surprise de sa propre docilité.

Ce fut une longue, une interminable caresse.

# Jeudi

Les piaillements insistants des oiseaux les réveillèrent.

Il était tôt, il faisait jour.

Vitalin se leva. Il fut saisi par la fraîcheur, la fenêtre de leur chambre était restée ouverte toute la nuit. Au-dehors, la brume rampait sous les arbres. Il rejoignit Clovisse qui, malgré ses yeux grands ouverts, paraissait encore dormir ; il se pelotonna contre ce corps inconnu et déjà familier.

Lorsqu'ils descendirent, Millie ranimait le feu du fourneau. Ils déjeunèrent de pain, de fromage frais et de compote.

Ils n'échangèrent pas trois mots. Les politesses étaient superflues et les questions désormais inutiles. Les bagages furent vite bouclés, les adieux rapides et simples.

Clovisse et Vitalin reprirent la route. L'air était opaque d'humidité. À nouveau, ils furent frappés par un sentiment de troublante harmonie. Le chemin était-il vraiment mieux tracé ici qu'ailleurs ?

Les arbres étaient-ils plantés dans un savant désordre ? Ils avaient l'impression de pénétrer dans un univers aménagé, construit.

La forêt s'éclaircit, s'ouvrit sur un vallon de champs et de prairies. Là se nichait un village aux maisons serrées.

Ils atteignaient la première ferme quand un tracteur déboucha d'une cour. Presque aussitôt, deux grosses moissonneuses s'échappèrent d'un immense corps de bâtiment. Tous ces véhicules évoluaient sans bruit.

– Ce ne sont pas des engins ordinaires, constata Clovisse, ils n'ont pas de moteur à explosion.

Des dizaines d'hommes et de femmes sortaient des hangars ou des habitations. La plupart d'entre eux leur adressaient un signe ou un bonjour amical. Décontenancé par leur attitude, Vitalin arrêta un grand gaillard et lui déclara :

– Nous voulons aller à Écoland.

Avec une indulgence amusée, l'inconnu répliqua :

– Et si ce que vous cherchiez ne se trouvait pas quelque part dans l'espace, mais dans le temps ?

Cette réponse déconcerta Vitalin qui esquissa une grimace avant d'insister :

– Est-ce que nous sommes arrivés ? Qui êtes-vous ?

– Vous êtes à Buigny-l'Abbé. Je m'appelle Pierrick. Vous êtes les bienvenus.

– Mais nous ne voulons pas rester ici ! dit Vitalin très vite.

– Voulez-vous déjeuner avec nous ? proposa-t-il.

Ils le suivirent dans un hangar aménagé en salle à manger. De longues tables parallèles s'alignaient et des groupes prenaient place sur les bancs. Vitalin et Clovisse s'installèrent. Comme personne ne les interrogeait, ils se contentèrent d'écouter. Il était question des villages voisins, des recherches agronomiques, de la mise au point prochaine d'un nouveau dispositif de chauffage. On leur servit des crudités dont le goût était rehaussé par des assaisonnements odorants. Vitalin imita son voisin qui additionnait son chou rouge de raifort et d'ail séché en poudre. Puis on leur apporta une sorte de gâteau salé fourré d'une sauce épaisse, compacte, légèrement amère ; il était difficile d'en déterminer la composition.

– Vous venez compléter l'équipe médicale ? demanda leur voisin.

– Non, balbutia Vitalin. Nous allons… plus loin.

– Jusqu'au Marquenterre ? interrogea la femme assise face à lui.

– Le Marquenterre, c'est Écoland ? s'étonna Clovisse.

Un silence général de réprobation lui répondit. Un homme d'un certain âge, en tête de la table, expliqua avec une réticence visible :

– En été, certains d'entre nous vont au Champ-Neuf ou à La Bassée. C'est sauvage et désert. Là-bas, on étudie les plantes et les animaux.

Clovisse et Vitalin aidèrent à débarrasser les

tables ; ils sortirent avec leurs compagnons qui se dispersaient par petits groupes. Sur les pentes légères du vallon, le travail des moissonneuses avait repris.

Ils quittèrent le village et partirent vers le nord.

Vitalin n'était plus sûr de retrouver Yolande. D'ailleurs, la cherchait-il encore ? Pire, il n'aurait pas été ravi de l'avoir soudain face à lui. Il était las, désorienté, irrité. Depuis peu, rien ne se passait comme il l'avait espéré, rien ne ressemblait à ce qu'il avait imaginé. Clovisse avait surgi dans sa vie à la place du chemin qu'il espérait. Brouillant les cartes, elle occupait à présent en lui un terrain dont il se croyait maître.

Pour dissiper son embarras, il grogna :

– Si ce n'est pas Écoland ici, alors où est-ce ?

Clovisse, elle, ne se posait plus la question. Les événements et les gens nouveaux avaient toujours piqué sa curiosité. Elle était vigilante, à l'écoute, dépourvue de préjugés et soucieuse de se laisser tout entière imprégner par cette atmosphère inédite. Dans son esprit, Vitalin était relégué au second plan ; avait-il été autre chose qu'un instrument ? Oui, peut-être. Mais le temps d'un bref croisement. Elle pressentait que, déjà, leurs chemins bifurquaient. Inexplicable, l'image d'une mante religieuse l'effleura. Après tout, peut-être était-elle une sorte d'insecte cruel et carnassier, habile à se camoufler, femelle séduisant ses amants avant de les dévorer.

L'après-midi fut chaude. Plusieurs groupes de cyclistes les saluèrent au passage. Ils ne furent dépassés que par deux automobiles ordinaires, au pot d'échappement malodorant, promptes à fuir cette région désertée. Parfois, un hameau se devinait entre deux haies vives, des engins agricoles progressaient sans bruit sur des crêtes lointaines.

Le soleil déclina et le ciel prit peu à peu une teinte d'acier. La terre exhalait la chaleur accumulée dans la journée. Enfin un village profila ses toits sur l'horizon violet. Ils dépassèrent les premières maisons. Indécis, Vitalin consulta Clovisse qui ne répondit pas.

Ils pénétrèrent dans la cour d'une ferme aux fenêtres illuminées. Ils frappèrent, attendirent. La porte s'ouvrit sur une salle où une quinzaine de personnes étaient attablées. Les conversations moururent, les visages se levèrent.

– Bonsoir. Nous venons d'arriver... commença Clovisse.

Comme personne ne réagissait, Vitalin ajouta :

– Nous accepterez-vous ici, parmi vous ?

On les dévisageait sans répondre.

– Entrez. Qui vous envoie ? demanda enfin celui qui leur avait ouvert.

– Personne, avoua Vitalin. Nous étions hier à Paris. Nous avons pris le train, puis marché et traversé des villages. Nous cherchons Écoland.

Face à eux, le silence se chargea de réprobation ou de gêne.

– Vous pouvez dîner et dormir. Mais vous repartirez demain, nous n'avons pas besoin de vous ici.

Comme l'assemblée restait immobile et muette, Vitalin se fâcha :

– Expliquez-nous ! Nous avons l'impression d'être rejetés, examinés avec suspicion depuis que nous sommes arrivés !

– Asseyez-vous donc. Je m'appelle Manuel. Je suis le coordinateur du Château-Neuf.

La cordialité mesurée de Manuel détendit ses compagnons peu à peu. Vitalin et Clovisse se présentèrent. Pendant le repas, ils résumèrent leur quête. Ils ne furent interrompus que par un homme d'un certain âge, qui leur demanda d'épeler leur nom de famille et de préciser leur adresse.

– Depuis quelque temps, révéla Manuel, le bruit court qu'on chercherait à rapporter nos faits et gestes en haut lieu. Voilà pourquoi les nouveaux arrivants sont accueillis avec réserve. Pour ma part, je juge ces soupçons ridicules. Nous n'avons d'ailleurs rien à cacher.

Le dîner achevé, ils rejoignirent la cuisine. Elle était grande, fonctionnelle, garnie de plusieurs fours, lave-linge, lave-vaisselle et autres robots ménagers dont l'aspect robuste n'évoquait aucune marque connue. Le coordinateur les fit entrer dans une pièce où s'alignaient téléviseur, téléphone, fax, ordinateur. Il formula une question sur un clavier. Des noms et des chiffres apparurent, qu'il traduisit :

– C'est à Forest-l'Abbaye que la demande est la plus urgente.

– La demande ? répéta Vitalin sans comprendre.

– Demain, décida Clovisse, nous irons à Forest-l'Abbaye.

Ce soir-là, on leur installa des matelas de fortune dans ce lieu qui devait faire office de bureau. Ils se déshabillèrent et s'allongèrent dans l'obscurité. De la pièce voisine leur parvenaient des chuchotements confus. Vitalin tendit l'oreille, mais n'identifia aucune parole intelligible.

– Je suis abrutie de fatigue, murmura Clovisse d'une voix rauque.

Elle lui prit la main et s'endormit aussitôt. Avant de sombrer dans le sommeil à son tour, Vitalin pensa à Yolande. Il ignorait pourquoi, mais il avait l'impression qu'elle était loin, très loin d'ici…

# Vendredi

Au petit matin, quand ils entrèrent dans la salle à manger, une jeune femme déjeunait avec Manuel. Mince, brune, elle avait un profil sévère. Elle possédait, songea Vitalin, la beauté d'un sphinx.

– Je m'appelle Flora, dit-elle en se levant. Je suis la coordinatrice du Moulin-Brûlé à Forest-l'Abbaye. Bonjour Vitalin. Bonjour Clovisse.

Sa voix était grave, presque dure. Elle avait dû arriver ici avant l'aube.

– Clovisse Rigoulet ? précisa-t-elle. Et Vitalin Drial, c'est bien ça ?

Vitalin se troubla tandis que sa compagne acquiesçait en souriant. Il avait un peu l'impression de subir un examen de passage. Avait-on pris des renseignements sur eux pendant la nuit ?

– Où sont les autres ? demanda-t-il en constatant que la salle était vide.

– Au travail. Nous sommes levés depuis longtemps, expliqua Manuel. J'espère que vous aimez le lait et la chicorée. Nous n'avons pas de café.

Après le repas, ils prirent congé de Manuel. Flora

invita Vitalin et Clovisse à monter à bord d'une étrange camionnette couleur d'aluminium. Un enfant de dix ans était assis sur la banquette arrière.

– C'est mon fils, Marcus. Je suis ravie que vous veniez nous aider.

Malgré la neutralité du ton, elle paraissait sincère. Vitalin voulut demander une explication, Clovisse l'en dissuada en posant sa main sur la sienne.

Le véhicule démarra sans bruit ni à-coup. Son tableau de bord était d'une simplicité extrême. Le trajet fut bref, ils traversèrent deux villages et parvinrent au creux d'un immense vallon.

– Regarde ! s'écria soudain Clovisse. Des éoliennes !

Plantées sur le plateau, leurs tours graciles surmontées d'un tambour de pales dominaient un petit bourg ; elles échappèrent à leurs regards, vite cachées par une haie de grands arbres.

– Elles sont encore trop visibles, murmura Flora, contrariée.

La camionnette s'engagea dans le village, franchit un auvent vétuste et s'arrêta au centre d'un vaste corps de bâtiments.

– Le Moulin-Brûlé, annonça Flora.

Ils l'aidèrent à sortir les sacs entassés à l'arrière du véhicule et rejoignirent la maison principale. Flora les précéda dans un couloir puis dans une chambre. Là, un vieillard reposait, entouré d'une jeune femme blonde et d'un adolescent. Le visage du moribond était crispé, ses traits cireux. Ses faibles râles, ponctués par le rythme rapide de sa respiration, témoignaient d'une agitation intérieure désespérée.

– Voici Clovisse et Vitalin, déclara Flora.

– Bienvenue. Je m'appelle Alexe. Et voici Amato, dit la jeune femme en désignant le jeune homme.

Son sourire, sa blondeur et sa posture à demi agenouillée rappelaient ceux d'une madone vénitienne.

Resté sur le seuil, Vitalin s'étonna que tant de gens s'entassent dans cette pièce où quelqu'un agonisait. Il protestait, s'indignait intérieurement. Clovisse, elle, ne paraissait pas choquée ; elle avait dû souvent s'adapter à des situations plus tordues.

– Aujourd'hui, Clovisse restera auprès de Léon avec Rudiger, décréta Flora. Et Vitalin accompagnera Géole à Millencourt afin de relancer les volants d'inertie.

Soudain, le moribond eut un râle et vomit un flot sanguinolent. Amato et Alexe le soulevèrent pour l'aider à cracher ; une odeur nauséabonde filtra de sous les draps.

– Nous allons le changer, dit Flora en saisissant des serviettes.

Vitalin eut une grimace de dégoût et un mouvement de recul. Et c'est Clovisse qui s'approcha du lit.

– Avec les enfants, dit Flora sans se retourner, les femmes connaissent très vite la merde et le sang.

Vitalin devina que cette phrase lui était destinée. Il bredouilla :

– Avez-vous appelé un médecin ?

– Je suis médecin, répondit Alexe.

Il restait sur le seuil, indécis, cœur battant. Il avait l'impression que, s'il entrait, il ne pourrait plus reculer. Il hésitait à faire un pas qu'il devinait décisif. Quand Flora sortit de la pièce, il sursauta.

– Eh bien Vitalin, tu me suis ?

Dans la cour du Moulin-Brûlé, une jeune femme empilait à l'arrière d'une fourgonnette une quinzaine de gros cylindres en acier inoxydable.

– Voici Géole, annonça Flora.

Géole releva à peine la tête. Il sut que, dans ce monde étrange où il s'était immiscé, on était économe de paroles, de gestes, de politesses.

– Bienvenue, dit-elle enfin. Tu me donnes un coup de main ?

– Oui. Je t'accompagne à Millencourt. Je m'appelle Vitalin.

Un quart d'heure plus tard, ils filaient sans bruit sur une route étroite. Géole semblait moins distante que Flora et Vitalin l'interrogea sur le mode de propulsion de leur véhicule. Ses questions étonnèrent la jeune femme ; elle ignorait que, la veille encore, il se trouvait à Paris.

– Cette camionnette avance grâce à des cylindres identiques à ceux que nous transportons – elle désigna l'arrière de la camionnette. Chacun d'eux contient des tores et des volants d'inertie qui tournent à grande vitesse. Mais à force de les utiliser, leur vitesse ralentit… Regarde ce voyant qui clignote sur le tableau de bord : il indique que l'énergie des tores avec lesquels la camionnette fonctionne est épuisée. C'est pourquoi nous allons chercher à Millencourt une quinzaine de volants rechargés, et déposer ceux que nous transportons et qui sont en bout de course.

Vitalin comprit que les véhicules qu'il avait aperçus la veille, dans la ferme, fonctionnaient avec ce dispositif. Rien à voir avec l'électricité, ce mode de propulsion était donc strictement mécanique.

– Ce système élimine tout gaspillage, précisa Géole comme ils décéléraient à l'approche d'une descente. Regarde, au lieu de freiner, je profite de la pente pour recharger le rotor. Tout en ralentissant, le véhicule accumule de l'énergie ! Tu comprends ?

Vitalin fit à Géole signe que non et elle sourit.

– Sylvère t'expliquera ce principe de propulsion mieux que moi.

À l'approche du bourg, ils bifurquèrent dans une carrière creusée à l'écart de la route. Le flanc marneux de la falaise était criblé de trous.

– Des habitations troglodytiques ?

– Des muches, précisa Géole. Le centre énergétique s'y est installé par mesure de précaution et de sécurité.

Vitalin se souvint. Les muches, en Picardie, étaient la réplique souterraine des bourgs édifiés en surface. Creusées au temps des invasions espagnoles, elles permettaient aux habitants de se dissimuler et de survivre en attendant que les envahisseurs aient vidé les lieux.

Dans cette cave immense aux allures de laboratoire clandestin, vingt personnes se relayaient en permanence. Intrigué, Vitalin s'approcha d'un disque épais, métallique, percé en son centre d'un large trou circulaire. Il le souleva avec précaution. L'objet, qui pouvait peser une vingtaine de kilos, était lisse et glissant. Il lui échappa des mains et retomba avec le son d'un gong. Derrière lui, un jeune homme éclata de rire.

– Sois sans crainte, ce n'est ni dangereux ni fragile !

C'était Sylvère, l'un des techniciens du centre. Il saisit le disque et expliqua :

– Ce tore est fait de silice homogène additionnée de matériaux composites, notamment de fibres de carbone qui en améliorent la tenue mécanique. Deux tores semblables à celui-ci sont enfermés dans chacun des conteneurs que Géole et toi avez apportés. À l'intérieur a été pratiqué un vide primaire qui approche une pression d'un cent-millième d'atmosphère. Voilà ce qui communique le mouvement à nos véhicules – et à beaucoup d'autres machines.

– Pourquoi deux tores ? demanda Vitalin qui était un peu perdu.

– Ils tournent en sens contraire pour éviter les effets gyroscopiques. En ce moment j'étudie une pompe secondaire qui, reliée à la première, permettrait d'obtenir un vide plus parfait.

– Un vide plus parfait… et pourquoi ?

– Pour éviter les déperditions, expliqua Sylvère. Les tores sont portés à une vitesse qui approche deux cent mille tours/minute. Leur axe est maintenu par des paliers magnétiques, ainsi le frottement est nul. Chaque cylindre est relié au véhicule par un retour et un induit fixés sur l'axe ; il lui procure une autonomie d'environ cinq cents kilomètres.

– Attends, fit Vitalin qui essayait de suivre. Ces opérations nécessitent elles-mêmes de l'énergie ?

– Oui. Elle est fournie par les éoliennes de trois kilowatt heures que chaque unité d'habitation possède. Ici, un volant de plusieurs tonnes accumule cette énergie en permanence. Et il la restitue à la demande. Si ce sujet t'intéresse, reste donc déjeuner à Millencourt.

– Nous devons rentrer, non ? demanda Vitalin à Géole.

– Nous avons le temps. La recharge des volants prendra la journée.

Sylvère entraîna Vitalin vers les laboratoires souterrains.

– Pendant que je te montrerai nos installations, Géole étudiera la technique de liaison des pompes. Elle travaille souvent ici.

Quand ils furent de retour au Moulin-Brûlé, la nuit était tombée.

Vitalin trouva Clovisse au chevet de Léon. À leurs côtés se trouvait un garçon râblé au regard éteint, qui s'éclipsa aussitôt.

– Il s'appelle Rudiger, dit Clovisse.

D'une moue entendue, elle lui fit comprendre que le nouveau venu ne semblait guère sympathique. Vitalin s'assit avec elle près du moribond. Clovisse avait pris dans les siennes cette main tiède et tavelée qui, parfois, se crispait sans saisir et se détendait en tremblant.

– J'ai appris beaucoup, aujourd'hui, lui murmura-t-elle.

Il songea que, pourtant, elle n'avait sans doute pas bougé d'ici.

Flora vint les avertir que Rudiger et Géole les remplaceraient pendant le dîner. Ils rejoignirent la salle à manger où une dizaine de personnes étaient attablées. Sur les murs, d'étranges lampes dispensaient une lumière franche et douce. Quand ils entrèrent, les visages se levèrent.

– Voici Vitalin et Clovisse, annonça Flora.

– Bienvenue, fit en chœur l'assemblée.

– Bienvenue, enchaîna leur plus proche voisin d'une voix forte. Je m'appelle Tristan. Je suis l'ami de Flora.

Il avait la même minceur sèche, la même beauté froide et brune – et la résolution affichée de ceux qui appliquent aux autres une fermeté égale à celle qu'ils s'imposent.

– Bienvenue, répéta le jeune homme qui, le matin, veillait le vieillard avec Alexe. Moi, c'est Amato. Voici mon ami Phil.

Avant de s'asseoir, Phil hocha la tête dans une

expression de bienveillance vigilante. Plus âgé qu'Amato, il avait une barbe soignée, des gestes délicats et déliés.

Le compagnon d'Alexe s'appelait Daniel. C'était un homme jeune au front dégarni et soucieux, qui, pour se qualifier, précisa seulement :

– Je fais un peu de physique et d'astronomie.

Ronan, l'époux de Géole, invita leur fille de quatre ans, Maela, à s'approcher. Elle se prêta comme les autres au jeu de la présentation.

Enfin Simone leur souhaita la bienvenue. C'était une grande et forte femme de quarante ans ; elle avait un garçon de dix ans, Maxent, et attendait un enfant. Vitalin avait des difficultés à apprivoiser les noms et les visages, il se sentait comme un élève étranger arrivant dans une classe en cours d'année. Clovisse, elle, hochait la tête vers celle ou celui qui se présentait ; quand on lui adressait un sourire, elle avait l'impression de s'en nourrir et y répondait doublement.

Après le repas, Tristan et Flora ouvrirent deux bouteilles d'un vin clair et léger. À Clovisse et Vitalin on ne donna qu'un verre pour deux. Simone leva le sien et déclara :

– Vous êtes arrivés ensemble, sachez le rester jusqu'au bout.

Ils trinquèrent. Désorienté, Vitalin ne cessait de s'interroger.

– À présent, dit Flora, passons au compte rendu de la journée.

Ce fut l'occasion de propositions, de critiques, de débats enflammés. Il régnait une bonne humeur à laquelle les nouveaux venus ne savaient s'associer. Au fil des échanges, ils comprirent que le Moulin-Brûlé appartenait à Léon, mais que la gestion du domaine était discutée collectivement. Quand Alexe prit la parole, ce fut pour proposer d'abréger les souffrances du mourant.

– Simone, ton père a-t-il jamais suggéré qu'on abrège son agonie ? interrogea Flora. Non ? Nous devons donc lui laisser vivre sa vie jusqu'au bout, mais sans qu'il souffre.

Une veillée s'organisa dans la chambre de Léon. Ronan jouait en sourdine *Syrinx*, de Debussy, à la flûte traversière, pendant que Maela babillait et que d'autres bavardaient à voix basse. Près du lit, Simone tenait les mains du mourant.

On proposa à Vitalin et Clovisse une chambre dont la porte-fenêtre donnait sur le verger. Plus haut, sur le plateau, la batterie d'éoliennes montait la garde. Son chuchotis continu semblait moudre et dissoudre le temps. La nuit violette exhalait des chaleurs contenues et les rumeurs de vies animales. Ils restèrent longtemps attentifs à l'écho de ce jour finissant.

– Non, laisse la fenêtre ouverte, pria Clovisse.

Vitalin s'allongea sur le lit.

Clovisse attendit qu'il s'assoupisse puis elle sortit de son sac un calepin vierge, et l'enveloppe où figurait l'adresse d'Étienne Dupuis.

Elle écrivit longtemps à la lueur de la lune. Beaucoup plus longtemps qu'elle ne l'avait prévu.

Soudain, elle s'interrompit, persuadée d'être observée.

Elle scruta le verger, tout était silencieux. Seules les éoliennes rythmaient la nuit. Elle pensa à la pierre et à la montre qui se trouvaient dans son sac. Elle rangea son carnet et s'endormit.

## Samedi

Quand des cris et des bruits les réveillèrent, le jour se levait à peine. La salle à manger était vide. Ils prirent leur petit déjeuner seuls et mangèrent des tartes chaudes aux céréales – froment, sarrasin, orge et millet – et des salades de légumes crus semées de raisins secs.

Enfin les autres apparurent, Flora en tête. Elle leur apprit que Léon était mort à quatre heures du matin. Le corps, que plus personne ne veillait, serait inhumé le soir même. Elle confia à chacun une tâche précise pour la journée.

– Et nous, Flora ? demanda Clovisse. Tu nous oublies ?

– Non. Aujourd'hui et demain, vous apprivoiserez les gens et les lieux.

– Vous m'accompagnez à la serre ? proposa Géole.

– La serre ? Oui, montre-nous ! répondit Clovisse en lui emboîtant le pas.

Les deux jeunes femmes s'éloignèrent en bavardant comme deux vieilles amies. Mais Vitalin, lui, se sentait d'humeur boudeuse. Il avait l'impression d'être délaissé, dépossédé. Morose, il partit flâner seul dans le jardin. Il faillit buter sur une rangée de panneaux solaires et tomba en arrêt devant une énorme cuve semi-enterrée et fermée par du plexiglas.

– C'est notre réserve de gaz de compost, lui dit Simone en approchant.

– Du gaz ?

– Mais oui. Nos résidus le fabriquent gratuitement et en permanence. Ce gaz fournit l'éclairage au Moulin-Brûlé. Les panneaux solaires nous procurent l'eau chaude.

– Pourquoi sont-ils placés au sol ? Ils seraient plus efficaces sur le toit...

– Le toit n'est qu'un immense panneau solaire ! Chaque ardoise contient un peu de silicium amorphe. Presque toutes les unités d'habitation ont adopté ce procédé.

– Que d'énergie en réserve !

– En fait le rendement de cette toiture est faible, elle ne capte que dix pour cent de l'énergie solaire.

– Pourquoi un tel gâchis ?

– Du gâchis ? Non. Ces ardoises sont très bon marché. Le gâchis serait d'utiliser des matériaux plus coûteux ou une technologie sophistiquée qui nous fournirait une énergie inutile. Regarde ces plants de fraisiers, ajouta-t-elle en remarquant qu'il suivait mal son raisonnement. Ils sont à la portée des grives et des merles. Nous pourrions les protéger par des filets, mais nous préférons cultiver dix mètres carrés de fraisiers supplémentaires. Ils nous coûtent moins d'argent et de peine que la fabrication et la manutention des filets. Surtout, ils encouragent les oiseaux à fréquenter le jardin. Car les oiseaux détruisent les vers, les limaces et certains insectes contre lesquels nous devrions lutter au moyen de pesticides.

– Le jardin n'est donc pas traité ? demanda Vitalin.

– Si, affirma quelqu'un derrière lui.

C'était Ronan. Il venait de sortir de la serre et tenait en main de jeunes plants.

– Le jardin est traité puisque nous procédons à l'acclimatation d'insectes qui favorisent la pollinisation.

– Curieux mélange d'écologie et de technologie ! murmura Vitalin en hochant la tête.

– La technologie n'intervient chez nous que lorsqu'elle n'entrave pas la nature, expliqua Ronan. Connais-tu le programme Biosphère 2, où huit personnes se sont longtemps relayées sous une sphère écologique dont la surface équivalait à deux terrains de football ?

– Oui. L'objectif était de faire vivre un groupe d'humains en cercle fermé, sans contact avec l'extérieur... mais l'expérience a échoué ! acheva Vitalin sur un ton presque triomphant. Et les occupants, pour survivre, ont dû quitter les lieux !

– En effet, admit Ronan. On ne reproduit pas impunément un microcosme naturel en laboratoire.

D'autant qu'à petite échelle les conséquences de la moindre erreur sont multipliées. Dommage que cet échec n'ait pas servi de leçon...

Ronan désigna les alentours d'un geste large.

– L'ennui, c'est que les sept milliards d'hommes qui vivent sur la Terre n'ont aucune possibilité d'échapper à leur milieu. Un jour, ils pourraient comprendre que leurs erreurs et leurs négligences ont aussi fait échouer leur programme. Mais il ne sera plus question de recommencer.

– Ici, ajouta Simone, notre sphère est ouverte et susceptible de grandir.

Pris d'un doute, Vitalin se retourna. Flora était là, immobile, à l'écoute. Une fois de plus, sa beauté froide, presque inhumaine, le frappa. Elle acheva la phrase de Simone :

– Car ici nous sommes à l'affût de nos besoins autant que de nos erreurs.

Comme personne ne répliquait, elle reprit sur un ton prophétique :

– Un jour, la Terre sera un grand jardin. Et les hommes iront ailleurs, découvrir d'autres terrains d'aventure.

À midi, en allant déjeuner dans l'ancienne salle des fêtes, Vitalin et Clovisse firent la connaissance des habitants de Forest-l'Abbaye. Pendant le repas, ils demandèrent à leur voisin si l'absence de viande était permanente et volontaire.

– Oui. Consommer des animaux représente un gâchis de vies et d'énergie.

Tristan, qui débarrassait les tables, s'installa parmi eux pour expliquer :

– À surface égale, on nourrit dix fois plus de monde avec des céréales ! Un jour viendra où les pays riches admettront eux-mêmes que manger de la viande est absurde, voire criminel. Ici, les vaches et les chèvres fournissent le lait qu'on transforme en beurre et en fromages ; les poules donnent leurs œufs.

– Mais le cheval ? s'étonna Vitalin en désignant l'extérieur.

– Il sait effectuer seul certains trajets, répondit Tristan. Et il assure les transports légers. Tous ces animaux nécessitent peu de soins et moins d'entretien que bien des machines.

L'après-midi, ils flânèrent dans les bois alentour avant de revenir au Moulin-Brûlé. En traversant le verger, ils aperçurent Phil et Tristan qui creusaient une fosse près de l'ancien cimetière du village. Presque aussitôt apparut un cortège.

– C'est Léon, murmura Clovisse. On doit l'enterrer.

Ils s'approchèrent de la fosse et attendirent l'arrivée de la procession.

Il y eut une courte cérémonie. Flora fit l'éloge du défunt. Puis le corps enveloppé d'un simple linceul fut porté en terre tandis que Ronan jouait à la flûte une étrange mélodie dodécaphonique. Enfin, tous se recueillirent un long moment.

Le calme du jour qui finissait, le silence et cette

attente de rien qui se prolongeait créaient une parenthèse irréelle que Vitalin n'avait jamais ressentie, et que Clovisse goûtait intensément. Il se pencha vers elle et lui murmura, presque à regret, en respirant le parfum de ses cheveux :

– Tu as changé. Tu t'épanouis.

C'était vrai. Elle s'était rarement sentie aussi affranchie. Elle qui menait sa vie comme on guide d'une main sûre un navire avait, pour la première fois, la grisante impression d'être à la dérive, de flotter. C'était peut-être cela la liberté.

# Août

Quelques jours plus tard, après un dîner en commun animé, Flora prit la parole. Elle évoqua la disparition de Léon, l'arrivée de Vitalin et Clovisse, les projets à long terme que s'était fixés la collectivité de Forest-l'Abbaye et les tâches particulières qui incombaient aux habitants du Moulin-Brûlé : le perfectionnement du système d'alimentation électrique, la construction d'une serre expérimentale et la mise au point d'espèces végétales nouvelles.

Ils apprirent qu'Amato avait une formation de généticien, que Géole était ingénieur des télécoms et Phil architecte. Flora proposa enfin :

– Tristan, Daniel et Clovisse seront à la maçonnerie, Phil à la cuisine et au ravitaillement ; Ronan et Simone rejoindront l'équipe des travaux agricoles. Rudiger s'initiera aux recherches en génie génétique ; Géole et Alexe réviseront les systèmes d'énergie. Amato et moi, nous nous répartirons l'entretien du Moulin-Brûlé.

– Et les tâches ménagères ? demanda Clovisse.

– Elles seront assurées par roulement. Vitalin devient le coordinateur.

Les regards convergèrent vers lui.

– Attendez, balbutia-t-il. Moi, coordinateur ? Mais je ne suis pas compétent !

– Tu le deviendras, par nécessité.

– C'est ridicule, je viens d'arriver. J'accumulerai les erreurs !

– Nous en tirerons bénéfice, assura Flora. Loin d'être un handicap, ta naïveté nous contraindra à de fréquentes autocritiques.

– Mais je suis dessinateur !

– C'est avec une activité différente que tu enrichiras ta pratique. Pas en gardant le nez dedans.

– N'aie crainte, renchérit Tristan, tu disposeras de temps pour peindre. Et, si tu l'acceptes, pour enseigner tes techniques aux enfants.

Vitalin se serait entêté s'il avait décelé autour de lui l'ombre d'une réprobation. Mais l'accord semblait général. Clovisse lui sourit.

– C'est bon ! admit-il avec la mauvaise grâce de ceux qui ne se plient que pour dégager leur responsabilité. Combien de temps devrai-je assumer cette charge ?

– Ce sera à toi d'en juger, dit Flora. Comme je l'ai fait aujourd'hui.

Le même soir, dans leur chambre, Vitalin interrogea Clovisse sur ces usages extravagants. Il attendait une approbation, voire un appui à ses critiques.

Elle refusait tout jugement et s'amusait de son exaspération.

– À quoi bon t'irriter et récriminer ? Que redoutes-tu ?

Il crut reconnaître l'attitude et le discours de Yolande. Il en fut secrètement blessé. Loin d'être ému ou touché par ces similitudes, il s'aperçut qu'au fil des jours et de ses doutes sa passion s'effilochait. Pas seulement celle qu'il avait cru vouer à Yolande ou à Clovisse, mais aussi celle qui le poussait à avancer et à travailler.

Chaque soir, ceux du Moulin-Brûlé évoquaient un problème scientifique ou technologique précis. Quand le sujet et son commentateur étaient plébiscités, ils étaient retenus pour une communication ultérieure susceptible d'intéresser d'autres villages. Mais au cours des veillées qui suivirent, Vitalin fut peu attentif aux débats qu'il devait conduire. Sa tâche et ses responsabilités lui pesaient.

Plus Clovisse semblait s'accommoder de cette nouvelle vie, plus Vitalin trouvait sujet à critiquer. Elle finit par lui jeter :

– Tu voulais arriver en Écoland ? Eh bien tu y es ! Tu l'as trouvé.

Oui. Mais il n'avait pas trouvé ce qu'il en attendait. Il avait imaginé un monde définitif, fermé, parfait. Et il découvrait un chantier où il fallait se retrousser les manches. Il espérait atteindre un but qui se révélait un chemin où Clovisse marchait déjà loin devant.

– Moi, lui apprit-elle, j'ai toujours su que la quête était exaltante. Et le quotidien difficile à gérer.

En tant que coordinateur, Vitalin n'avait aucune activité précise à assurer. Les semaines suivantes, il se rendit dans les hameaux voisins. Quand il entra dans l'église de Forest-l'Abbaye, un village adossé à la forêt de Crécy, il y trouva un ouvrier qui réparait la charpente. Chacun d'eux ignorait à qui il avait affaire. Quand Vitalin se nomma, l'autre se détendit.

– Ah, c'est toi le nouveau coordinateur du Moulin-Brûlé ! Je t'avais pris pour quelqu'un de passage. Tu sais qu'en ce moment nous redoublons de prudence. Je m'appelle Étienne.

– Et quand il vient des touristes ?

– Pour les éloigner, on leur suggère d'aller visiter la cathédrale de Saint-Riquier. Le Crotoy, Saint-Valéry ou le domaine du Marquenterre.

– Qu'y a-t-il à cacher ici ?

– Rien. La transparence protège souvent mieux qu'un mur ou un océan. À Caours et Vauchelles, deux fermiers indépendants continuent de gérer leurs terres en ignorant qui nous sommes. Depuis trois ans, nous progressons vers Yvrencheux et Foyelles…

De plus en plus solitaire, Vitalin passa de longues journées dans la forêt de Crécy. Au hasard des sentiers forestiers, il rencontra des promeneurs, des groupes de colonies de vacances ; il croisa une route toute droite sur laquelle roulaient, rares et vites, des voitures qui ne s'arrêtaient pas.

De son côté, Clovisse arpenta longuement le plateau qui dominait la vallée de la Somme et dont les flancs de craie abritaient de petits hameaux. Elle ne consacrait presque plus de temps au compte rendu destiné à Étienne Dupuis.

## Septembre

Un matin, restée seule au Moulin-Brûlé, Clovisse entra dans la pièce qui tenait lieu de bureau et où avaient été regroupés le fax et l'ordinateur. Elle avisa le téléphone, décrocha et porta l'écouteur à son oreille. La sonnerie continue de la tonalité rendit un son incongru. Au bout du fil, une autre civilisation existait. La vraie. Du moins celle d'où elle venait, accessible en trois secondes puisqu'il suffisait de composer un numéro. Mais Clovisse n'avait personne à appeler.

Elle raccrocha le combiné.

Elle alluma l'ordinateur et explora, au hasard, quelques fichiers, davantage par désœuvrement que par curiosité. Elle eut soudain l'idée d'effectuer une recherche à partir de son nom, Rigoulet. Elle eut la surprise de voir s'afficher sur l'écran mille renseignements la concernant : son passé, sa famille, ses adresses, les universités qu'elle avait fréquentées, les diplômes qu'elle avait décrochés.

Rien d'autre. Elle aurait dû en être soulagée. Elle se demanda donc pourquoi elle avait très envie de tout effacer…

Les gros travaux d'été achevés, ceux du Moulin-Brûlé se consacrèrent aux essais de nouvelles technologies. Chacun disposait de beaucoup de temps libre et se mêlait volontiers aux activités d'autrui, si bien qu'il devenait difficile de déterminer ce qui était du ressort des tâches indispensables ou de la distraction. Vitalin allait de l'un à l'autre, fasciné. Car la personnalité de ceux qu'il approchait lui semblait originale et attachante. Entre la plupart de ses compagnons et lui se nouait peu à peu une complicité et une tendresse inhabituelles qui le comblaient, mais le déroutaient aussi. Jusqu'ici mal aimé, il aimait mal, le savait et ignorait comment balayer sa pudeur et ses méfiances.

Un après-midi, il monta sur le plateau. Il découvrit Géole, perchée sur l'éolienne principale, à douze mètres de hauteur. Les pales ne tournaient plus. Il escalada les barreaux de duralumin et la rejoignit. Il était troublé de se trouver seul avec cette jeune femme dont les connaissances et l'esprit indépendant lui en imposaient.

– Tu es folle d'avoir entrepris ce travail seule ! Je peux t'aider ?

– Je n'aime pas demander.

– Timidité ? Pudeur ?

– Orgueil ! fit-elle sans se tourner vers lui.

Elle essayait de décoincer la girouette qui permettait aux trois pales de pivoter pour offrir la meilleure prise au vent. Arrachée par une tempête, une branche de merisier s'était bloquée dans la tringlerie et l'avait tordue.

– Curieux engin, murmura-t-il en ajoutant ses efforts aux siens. Ce ne sont pas des hélices classiques.

– Non. Leur rendement n'est pas excellent. C'est mon prototype tripale de profil Naca qui a fini par être adopté ici. Sa surface balayée – c'est-à-dire la surface active – approche les dix mètres carrés.

Ils effectuèrent une réparation pénible. Quand elle fut achevée, Vitalin jeta enfin un coup d'œil sur le panorama. Soudain, il vit le paysage basculer. Il sentit la main de Géole l'agripper.

– Merci, balbutia-t-il, confus. D'habitude, je n'ai pas le vertige.

Ils descendirent, en sueur, tandis que les pales vrombissaient joyeusement au-dessus d'eux. Ils reprirent haleine face à face.

– À présent le monde tourne mieux, lui dit Géole.

Elle rayonnait et il fut dépité de ne pas ressentir la même euphorie.

La belle Alexe aussi l'impressionnait. Pour moderniser l'éclairage du Moulin-Brûlé, elle avait décidé d'installer dans chaque pièce un interrupteur piézo-électrique à bilame ; il permettait d'allumer les lampes à hydrogène grâce à la seule pression du gaz. Quand Vitalin lui proposa ses services, elle l'emmena au sous-sol où se trouvait un immense réservoir clos.

– C'est une pile à combustible ? demanda-t-il.

– Oui. Elle est faite de matériaux poreux et fonctionne sous pression. Nous obtenons de l'hydrogène par simple électrolyse de l'eau, il suffit de deux électrodes.

– Pourquoi avoir choisi l'hydrogène ?

– Il se stocke aisément. Viens voir la cave voisine.

Elle abritait un gros moteur qui entraînait une dynamo.

– Il n'est pas au point, avoua-t-elle. Il ne fonctionne qu'à de très hautes températures, ce qui nécessite des matériaux rares ou difficiles à usiner, comme le titane ou le tungstène. Mais les techniciens du centre énergétique ne désespèrent pas de le perfectionner un jour.

Une nuit, Alexe réveilla Vitalin. Elle était habillée d'un grand tablier de caoutchouc couvert de glaires ; son visage était défait. Elle lui annonça à voix basse, pour ne pas réveiller Clovisse qui dormait :

– Une vache met bas, son petit est mal engagé, je ne parviens pas à la délivrer. Daniel et Tristan sont à Vauchelles. J'ai pensé…

– Je viens.

Dans l'étable, Vitalin essaya de se rendre utile. La madone vénitienne transpirait, jurait, pleurait, espérait, se décourageait. Et Vitalin, impressionné par les meuglements de la vache et par ce petit corps qu'elle gardait prisonnier, s'étonnait que la vie fût si tenace et si fragile. Quand le veau, halé par leurs quatre bras, apparut et sortit, Alexe et lui reprirent haleine à genoux, enlacés. Les deux bêtes étaient sauvées et ils étaient comme elles : sales, épuisés, heureux. La fin de l'été fut splendide.

Ils profitèrent des dernières longues journées pour construire, plein sud, une verrière qu'on ne verrait pas de la route. Ils commencèrent par poser cinq cents mètres de tuyaux avant de couler dessus la dalle de béton du bâtiment. Là circulerait l'hiver de l'eau à vingt degrés chauffée par le soleil. Ils perfectionnèrent le système de récupération de gaz de fumier.

– Le problème, avait coutume d'affirmer Tristan, ce n'est pas le manque d'énergie, mais le choix le plus rationnel. Nous n'avons pas pour objectif de produire plus que ce dont nous avons besoin.

Chaque soir, Vitalin et Clovisse participaient aux séances de décontraction et de yoga qu'animait Alexe pour Forest-l'Abbaye. Ils apprenaient à respirer, à voir, à s'écouter, à devenir attentifs à eux-mêmes comme aux autres.

Le soir de l'équinoxe d'automne, une veillée fut organisée dans le verger. Des villages voisins, on vint en grand nombre pour lancer des suggestions concrètes destinées à améliorer la qualité de vie. Chaque communication était suivie d'un débat ouvert et passionné.

– Ces réunions ont-elles lieu à dates fixes ? demanda Clovisse à Flora. Et quelqu'un est-il chargé d'en faire le compte rendu ?

– Non. Ici rien n'est fixe, répondit Flora en haussant les épaules. Les décisions ne sont même pas votées.

– À quoi bon fixer et légiférer ? ajouta Tristan. Règles, lois et frontières finissent par être violées, ce qui entraîne la mise au point de nouvelles législations pour codifier la répression !

– Les mots sont trompeurs, reprit Flora. Leur usage pervertit leur sens sans qu'on y prenne garde. Aujourd'hui on admet sans discuter deux termes associés et pourtant contradictoires comme « sommet mondial », « commerce équitable » ou « libre entreprise »...

– Et puis, conclut Tristan, aucune théorie ne vaut son application spontanée.

– N'est-ce pas imprudent ?

Le regard fixe, Tristan affirma :

– Moins que l'exploitation aveugle des ressources et l'accroissement des inégalités ! Mieux vaut risquer et roder des modèles inédits plutôt que d'accepter un système libéral qui pourrit l'humanité.

– Peut-être faut-il le laisser faire, jeta Rudiger en ricanant. La pourriture, c'est le meilleur fumier !

Le soir, en entrant dans la chambre, Vitalin surprit Clovisse en train de prendre des notes sur un calepin. Confuse, elle enfouit papier et stylo dans sa poche.

– Qu'est-ce que c'est ? Ton journal intime ?

– Non. C'est...

Elle refléchit puis haussa les épaules :

– Une vieille promesse. Aujourd'hui, son utilité me paraît douteuse.

– Ici les certitudes s'effritent, en effet, admit-il dans une grimace.

Son amertume était si perceptible que Clovisse demanda :

– Tu es déçu, n'est-ce pas, Vitalin ?

Il n'osait pas se l'avouer. Comment admettre qu'une fois le but atteint, l'objet de la quête avait fini par se dissoudre ? Après avoir lu *1984*, Yolande lui avait déclaré : « Critiquer un méchant système, lutter, l'abattre, rien de plus exaltant ; les difficultés commencent quand il faut organiser un autre monde… »

– Je pensais changer de vie en changeant de paysage. Mais ici, c'est soi-même qu'il faut changer.

Il redoutait de ne pas y parvenir. Ou de ne pas en avoir assez envie.

# Octobre

Au potager, ils récoltèrent des potimarrons qui se cachaient sous de larges feuilles. Ils en stockèrent trois cents kilos au grenier, près des pommes. Ces courges se conservaient un an ; leurs vitamines, très abondantes, ne s'épuisaient pas après la cueillette. Ils apprirent à apprécier le panais, semblable à une grosse carotte blanche. Quand il n'était pas cuit à la vapeur ou utilisé en soupe, on l'associait à la pomme de terre. Quand on le pressait, il fournissait une huile très saine qui se solidifiait et ne se décomposait qu'à très haute température.

Les goûts de ces légumes, complétés par de nombreuses céréales, offraient au palais un choix beaucoup plus large et varié que les plats classiques accompagnés de viandes. Les tartes au froment, au sarrasin, au millet, à l'orge, au blé noir, aux épinards, aux haricots, étaient rehaussées d'aromates qui en modifiaient subtilement la saveur : sauge, marjolaine, tamaris, levure maltée, thym et fanes de carottes. Des fruits secs, noix, amandes, raisins, apportaient certaines protéines qui faisaient défaut dans les céréales.

La même diversité se retrouvait dans les boissons, tantôt amères, tantôt sucrées grâce aux fruits, parfois gazéifiées au moyen d'une fermentation naturelle.

Trois mois après son arrivée, il paraissait saugrenu à Clovisse que d'autres, par millions, puissent vivre ailleurs et autrement.

Les ciels changeants de Picardie, les alternances de soleil, de pluie, d'orage et de vent redonnèrent à Vitalin le goût de peindre. Les enfants vinrent des villages voisins. Encouragé par leur curiosité, il leur apprit les rudiments du dessin. En enseignant, il s'améliora.

Comme il n'y avait pas d'école, les enfants apprenaient dans des groupes d'activités animés par les adultes. Ils s'initiaient aux sciences, aux arts et aux techniques au gré des saisons, des besoins et de leur curiosité stimulée par la passion de ceux qui les instruisaient. Plusieurs fois par semaine, Clovisse apprenait la lecture et l'écriture aux plus jeunes ; elle s'était découvert une vocation d'enseignante et y consacra bientôt tout son temps. Dans la journée, Vitalin et elle ne se voyaient presque plus. Le soir, dans leur chambre, elle lui expliquait avec enthousiasme ses résultats et ses projets. Peu à peu, Vitalin comprit : ce n'était pas Clovisse qu'il avait aimé, mais le chemin qu'elle et lui avaient accompli. À la seconde où ils s'étaient croisés dans la saline, leurs routes avaient divergé.

En octobre, une semaine de pluies et de froid les surprit. Vitalin récrimina et Tristan répliqua :

– Hormis celui qui découle d'activités humaines mal contrôlées, le mauvais temps n'existe pas. Il n'existe que de mauvais moyens de se protéger des intempéries.

Puis la chaleur revint. L'automne s'éternisa, prolongeant l'été avec des jours cléments que la dorure des arbres rendait lumineux.

Vitalin prit sur lui-même et s'imposa des tâches multiples, donnant la main ici et là à ceux auxquels il avait distribué du travail. Ce surcroît d'activités le dopa et l'étourdit. Épuisé, il rentra un soir plus tôt que d'habitude. Le Moulin-Brûlé était désert. On ne dînerait que dans deux heures, Clovisse et Tristan étaient chargés du repas.

Il ressortit. À l'image de cet automne, la nature étalait dans un dernier épanouissement de feuillages et de cris l'exubérance ultime qui précède le sommeil. Il eut un instant d'euphorie sereine – un de ces rares moments de l'existence où l'esprit apaisé n'a plus ni remords ni désir, où la quiétude s'impose avec une telle évidence, une telle force, qu'elle pourrait s'appeler le bonheur.

En pénétrant dans le séjour ensoleillé, il aperçut Simone assise. Son visage, que la grossesse faisait rayonner, reflétait la même béatitude qu'il sentait pulser en lui. Elle lui saisit la main et dit :

– Sens comme il bouge !

Vitalin posa ses mains sur le ventre tendu, palpant sous ce corps cet autre corps qui, dans l'agonie joyeuse de cet automne, était le lien des vies recommencées.

Un matin, il vit au jardin Rudiger qui semblait inactif et songeur. D'eux tous, c'était le moins enthousiaste. Levé le dernier, il fréquentait le laboratoire à contrecœur ; l'après-midi, il flânait, battait la campagne ou s'enfermait dans sa chambre. Vitalin vint le rejoindre, lui demanda s'il allait bien et ce qu'il pouvait faire pour l'aider.

– Je vais mal et tu n'y peux rien, lui répliqua l'autre sans aménité. Et toi, tu es sûr que tu vas si bien ?

Vitalin fut humilié d'avoir été percé à jour. Il se fit l'avocat du diable, répéta ce que disait Tristan et moralisa sans conviction. Rudiger ne s'y laissa pas prendre et pointa un doigt accusateur.

– Dis-moi plutôt ce qui t'a amené ici, toi. Que croyais-tu y trouver ?

Vitalin se troubla, pensa à Yolande, parla de Clovisse. Mais Rudiger n'interrogeait que pour pouvoir s'exprimer.

– Moi, révéla-t-il sans ambages, je me suis trompé. Ici, nous sommes les geôliers de nos propres théories… tu parles d'un piège !

– Ailleurs, il y a d'autres pièges. Et l'illusion du choix.

– Tu ne penses plus jamais à tout ce que tu as quitté ?

Rudiger y pensait beaucoup. Son passé, il le ruminait ; déjà il regrettait son avenir perdu.

– Eh bien pars ! lui jeta Vitalin. Qu'est-ce qui te retient ?

– Partir, c'est aller à la recherche d'un emploi. Ici, au moins, je bouffe et je dors sous un toit. Mais c'est une société d'aliénés. Tu ne vois pas comme ils s'agitent tous sans savoir s'arrêter ?

– L'inaction, dit Vitalin, ça se cultive, comme le travail. De ce côté, j'ai déjà donné.

– Ce monde est une auberge espagnole : on n'y trouve que ce qu'on y apporte !

– Peut-être. Toi, Rudiger, qu'est-ce que tu as apporté ?

Vitalin s'étonnait de ses propres répliques, car il ruminait les mêmes questions. Pourtant, le soir, il alla trouver Tristan et lui confia :

– Et si Rudiger était l'espion que nous redoutons ?

– Impossible. Il aboie trop fort. Laisse-le déverser sa bile.

Par la suite, Rudiger revint à la charge dès qu'il se trouvait seul avec Vitalin. Il le devinait sensible à ses arguments et il ruminait ses griefs à voix haute pour que sa déception trouve un écho.

Arrivés ensemble, Clovisse et Vitalin ne se fréquentaient presque plus. Tristan, qui s'en était aperçu, la prit à part pour lui déclarer :

– Ne crois surtout pas que je veux me mêler de vos affaires. Mais tu dois savoir que tu es libre.

Rien ne t'attache à quiconque. Si tu veux faire chambre à part ou quitter le Moulin-Brûlé…

– Mais non, Tristan. Je t'assure, tout va très bien.

– La rupture avec ce que tu as quitté n'est pas trop brutale, tu es sûre ? Si tu fréquentais un peu le bureau ? Le téléphone est à ta disposition. Tu peux aussi utiliser le fax ou l'ordinateur. Tiens, si tu regardais et nous résumais les informations, ça nous rendrait service !

Elle redécouvrit la télévision. Ce fut une immense surprise. Pendant le journal, seules quelques nouvelles politiques lui semblèrent dignes d'intérêt. Le reste confinait au grotesque : un détail était monté en épingle, un inconnu devenait le héros du jour, un fait divers – crime, fraude, accident, procès, hold-up – était promu pour vingt-quatre heures à la même gloire éphémère qu'un coup d'État, une découverte ou une révolution. Sport, loto, jeux et publicité la stupéfièrent comme autant de spectacles indécents.

Au bout d'une heure, cloîtrée face aux images, elle étouffait, éteignait le téléviseur et ouvrait vite la fenêtre. Elle était convaincue que, mis à part deux ou trois faits graves que l'actualité éclipsait, elle avait assisté à un show habilement élaboré.

Au dîner, elle résumait les nouvelles du jour. Parfois circulait parmi eux un journal acheté à Amiens ou un hebdomadaire apporté de Paris par un nouvel arrivant. Ce que les magazines relataient lui paraissait factice, exotique, au bord du romanesque. Sommes-nous sur une autre planète ? se demandait-elle. Ou bien est-ce le reste du monde qui vit dans un rêve dont il sortira un jour épouvanté ?

Un soir, alors que Vitalin revenait seul à bicyclette de Vauchelles, il s'arrêta sur le bas-côté pour uriner et laissa errer son regard sur la vallée de la Somme. Le froid était vif et sec, le ciel très dégagé. Sur le plateau voisin que léchait le soleil déclinant, des voitures circulaient, fouillant de leurs lumières blanches la route qui relie Abbeville à Amiens. Elles lui étaient étrangères et proches, familières et inaccessibles. Leurs phares semblaient lui faire signe, lui rappeler avec une évidence soudain douloureuse qu'une autre vie, la vie peut-être, là-bas, continuait de couler.

Une idée folle le saisit : abandonner sa bicyclette, rejoindre cette route et arrêter n'importe quel véhicule qui le conduirait loin d'ici.

Qu'il pût fuir le dissuada de le faire.

C'était la première fois que cette idée l'effleurait et que le mot de fuite lui venait à l'esprit.

# Vendanges

Fin octobre, trois cents vendangeurs se relayèrent sur soixante hectares de vignes. On disposait d'enjambeurs, mais les vendanges étaient une fête, une tâche collective jubilatoire. Il n'était pas question de laisser ce plaisir à des machines dont le travail grossier mêlerait aux grappes des feuilles qui gâteraient le goût du vin.

Un matin, le téléphone sonna. Vitalin décrocha. C'était Millie.

– Une jeune femme est arrivée hier, lui expliqua-t-elle. Elle veut rester, mais ne sait pas très bien où aller.

– Aucun problème. Envoie-la au Moulin-Brûlé.

Pendant le dîner, trois coups résonnèrent à la porte. Les visages se tournèrent vers le seuil. Vitalin rassura tout le monde :

– C'est une nouvelle arrivante !

Il se leva et alla ouvrir.

C'était Yolande.

Il resta pétrifié. L'émotion, retombée chez les autres, pour lui redoublait. Il se troubla. Comme il ne l'invitait pas à entrer, Yolande avança. Alors il lui prit son sac des mains ; la poignée lui en était familière, ce sac lui avait appartenu et il lui revenait aujourd'hui.

Yolande lui revenait, elle aussi.

– Voici Yolande, balbutia-t-il. C'est elle qui... qui devait venir.

– Bienvenue, dit Clovisse la première.

Yolande vint s'asseoir près de Flora.

– Je suis contente de vous avoir rejoints, répondit-elle enfin.

Les conversations reprirent. Yolande se mit à manger en silence, attentive à ce qui l'entourait, sereine comme ces chats satisfaits de retrouver leur logis. Vitalin, cœur battant, constatait qu'elle n'avait pas changé. Sa laideur disparaissait derrière l'exultation silencieuse qui transpirait de ses sourires, de ses regards, de ses gestes. Depuis qu'elle était là, son rayonnement se communiquait à chacun et Vitalin la reconnaissait bien. Il s'interrogeait sur ses propres sentiments, bousculés par la présence contiguë de Yolande et de Clovisse.

Après le repas, il improvisa un discours d'accueil. Comme il bredouillait, Flora lui vint en aide ; présentant ceux du Moulin-Brûlé, elle termina par Vitalin en affirmant :

– Clovisse est son amie. Ils sont arrivés ensemble.

– Eh bien moi je suis seule, ajouta malicieusement Yolande.

Elle se porta volontaire pour participer aux vendanges avec Vitalin. Le lendemain, ils se côtoyèrent sans communiquer. Leur hotte remplie, ils allaient la renverser dans des bennes qui emportaient le raisin à Millencourt où il passait dans l'égrappoir. Écrasé, le jus serait stocké dans des cuves pressurisées à l'azote.

Désorienté, Vitalin songeait à la vinification future et à son alchimie étrange. Que de conditions à remplir pour que le vin soit bon ! La qualité du sol, le choix des cépages, la profondeur des racines, le hasard alterné de la pluie et de l'ensoleillement... Une erreur, un orage, et la récolte était gâtée ou le vin conservé moins longtemps.

Et chez lui, qu'est-ce qui, dans ses gènes ou dans l'enfance, avait rendu sa vie amère et raté son brouillon d'existence ?

La troisième nuit qui suivit l'arrivée de Yolande, Vitalin ne parvint pas à trouver le sommeil. À deux heures, il se leva pour gagner en silence et dans l'obscurité le bureau où la nouvelle venue dormait.

– Vitalin ? C'est toi ? chuchota une voix familière dès qu'il entra.

Il n'osa pas lui demander s'il l'avait réveillée ou si elle ne dormait pas non plus. Il s'assit sur le matelas, se rapprocha, mais elle resta couchée pour lui lancer, presque narquoise :

– Qui eût cru que tu m'aurais devancée ?

Elle lui avoua qu'elle avait longtemps cherché Écoland avant d'abandonner sa quête. Elle avait trouvé un poste de rééducatrice en banlieue sud.

Là, elle s'était liée d'amitié avec une collègue qui, au fil de confidences mutuelles, lui avait appris que son ami était parti l'année précédente pour Écoland.

– Elle m'a confié le numéro du portable de ce garçon en m'avertissant qu'il n'y avait jamais personne au bout du fil. J'ai laissé un message sur sa boîte vocale et le lendemain, il m'appelait.

– Ce garçon est donc ici ? s'étonna Vitalin. À Écoland ?

– Non. Il en est revenu. Nous nous sommes vus à deux ou trois reprises. Il a été avare de détails. Mais il m'a recommandé d'aller en Picardie et expliqué comment me rendre chez Millie. Voilà, ce n'est pas plus compliqué.

– Si, c'est plus compliqué, répliqua-t-il à voix basse.

– Et si tu allais dormir, maintenant ? dit-elle en lui caressant la joue. Clovisse pourrait s'inquiéter. Ou t'attendre.

Il se leva, désorienté. Il aurait mille fois préféré des reproches ou des questions à cette simple mise au point sans passion.

– Tu as raison, dit-il en se levant. J'y vais.

Mais en rejoignant sa chambre à pas lents, il se sentit plus seul que jamais. Et perdu. Il savait que Clovisse ne s'inquiétait pas et qu'elle ne l'attendait plus.

Pendant les vendanges, le temps resta tiède, le ciel voilé. On avait ralenti la cueillette pour ne pas engorger les pressoirs. Le vin fermentait et dégageait, des centaines de mètres à la ronde, cette haleine piquante et fade qui enivre pour peu qu'on stationne trop longtemps près des fûts.

Plus rien ne distinguait Clovisse des autres. Éveillée ou assoupie, elle avait le visage serein, recluse dans un rêve permanent dont Vitalin était exclu. La nuit, il pensait souvent à Yolande qui reposait, seule, à dix pas de lui. Il ne s'était jamais senti si loin d'elle. Il s'interrogeait sur les circonstances obscures qui les avaient tous entraînés ici. À l'image du raisin qui subissait sa transmutation, Vitalin soupçonnait en lui une lente et improbable métamorphose.

Le soir du dernier jour d'octobre, les gendarmes arrivèrent. Au Moulin-Brûlé, tout le monde était rentré. Il y eut trois coups secs et la porte s'ouvrit.

– Salut, la compagnie ! lança jovialement un gradé tandis que son collègue ôtait son képi.

– Bonsoir, chef, fit Tristan.

Il se leva, alla leur serrer la main. Les autres, autour de la table, leur adressèrent un signe amical. Quelques-uns s'éloignèrent. Vitalin voulut les suivre, mais Flora le rappela.

– Vous ne connaissez pas Vitalin ? Il a vendangé avec nous. Ah, voici également Yolande, elle nous a beaucoup aidés.

– Alors ce vin nouveau ? demanda le chef en s'attablant.

– Vous allez juger par vous-mêmes, dit Tristan. Vitalin, tu vas nous en chercher une bouteille ?

À la cave, il découvrit Clovisse, terrée dans un coin obscur. Elle tremblait de tous ses membres. Il se précipita vers elle et dut la prendre contre lui pour la rassurer, la réconforter.

– Pourquoi es-tu dans un tel état ? Les gendarmes font une visite de routine. Nous ne risquons rien, allez viens.

– C'est stupide. C'est la première fois que…

Sa propre frayeur l'épouvantait : elle n'avait jamais eu si peur de sa vie. Il l'obligea à remonter. On fit peu attention à eux, tous s'intéressaient au vin dont on examinait la couleur.

On trinqua.

– Alors, c'est toujours aussi calme à Forest-l'Abbaye ?

– Ce ne sont pas les touristes qui nous dérangent !

Les gendarmes rirent, ajoutèrent – et c'était moins une question qu'un reproche :

– On ne vous voit jamais en ville, vous n'allez guère vous y ravitailler.

– Tout est si cher aujourd'hui !

– Ah, ça ! approuvèrent-ils en se consultant gravement.

– Nous avons vu votre tournesol en passant, déclara le chef. Il est superbe ! Et le tabac ?

– Il a bien donné cette année, reconnut Flora.

Le chef proposa des cigarettes à la ronde. Tristan et Rudiger en prirent une. On but encore. Les gendarmes claquèrent la langue :

– Il n'est pas très sucré, votre bourru… Au fait, et les élections ?

– Nous avons reçu les panneaux. Les listes électorales sont à jour.

– Tiens, voilà la jeune classe !

Maxent vint embrasser les gendarmes. Le chef garda Maela sur ses genoux.

– Dites donc, Fuzellier, jeta le chef à Tristan, est-ce qu'il n'y aurait pas assez d'enfants au village pour la réouverture de l'école l'an prochain ?

– Pour l'instant, ça se passe bien.

– C'est ce que nous a affirmé l'assistante sociale. Tout de même… une classe, cela vous déchargerait un peu ! Ça doit être compliqué pour vous d'assumer seuls l'enseignement ?

Il vida son verre d'un trait, se leva. L'autre l'imita aussitôt, vissa son képi sur son crâne et y pointa l'index.

– À un de ces jours, Fuzellier ! Et si vous aviez un ennui…

– Nous savons où vous joindre, chef. Merci !

Ils sortirent. Avant de monter dans la fourgonnette, le gendarme désigna le petit camion métallique :

– Ça roule toujours aussi bien ? Ah, vous n'encouragez pas non plus les garagistes !

Ils firent un dernier signe et partirent. Dans la cour stagnaient des effluves d'essence et d'oxyde de carbone ; c'était une odeur oubliée.

– Fausse alerte, murmura Vitalin.

– Mais non, assura Tristan sur un ton anodin. Nous n'avons rien à redouter. Une fois encore, nous ne cachons rien.

Il alla écraser sa cigarette dans l'évier, expliqua :

– Nous vivons dans un village ordinaire. J'en suis le maire élu. Les gendarmes patrouillent, ils viennent aux nouvelles, c'est leur rôle.

– Tu ne redoutes pas leur curiosité ?

– Mais nous respectons la légalité, Vitalin ! En fait, c'est plutôt la tranquillité de ces villages qui pourrait leur mettre la puce à l'oreille.

# Novembre

L'hiver approchait. Ceux du Moulin-Brûlé et de La Chesnaie décidèrent de rendre visite à un groupe isolé qui vivait à La Bassée, un hameau au bord de la mer du Nord. Pendant la demi-heure de trajet, ils croisèrent moins de dix voitures. Le ciel était gris et plombé, le temps doux, la campagne désolée. Parfois, on longeait une usine désaffectée aux cheminées branlantes et aux murs effondrés. Des bovins paissaient sur les prés salés que les alluvions de la Somme, au cours des siècles, avaient gagnés sur la mer.

Ils retrouvèrent le groupe sur une plage immense ourlée de dunes. Le vent soufflait. Pas un pêcheur, pas un promeneur. Au loin, des escadrilles d'oiseaux sillonnaient le ciel démesuré.

– Le Marquenterre, dit Flora.

Ils déjeunèrent sous un auvent de bois. On entendait la rumeur de la mer qui montait. Le noroît transportait une saveur d'iode et d'algues.

Ils partirent à pied vers les dunes. Yolande, Clovisse et Flora voulurent aller nager et entraînèrent Vitalin qui hésitait.

– Si tu veux te baigner, dit Flora, il ne faut pas trop réfléchir ! Mais quand on est dans l'eau, elle paraît si bonne qu'on ne veut plus en sortir.

– C'est bien ce qui me pose problème, murmura-t-il. Que de frissons quand on y entre, que de regrets quand on la quitte !

Tous quatre martelèrent longtemps le sable ridé que les vers de vase, invisibles, rendaient meuble. Bien que la mer parût proche et qu'elle avançât à vue d'œil, ils croyaient reculer en courant vers elle.

L'eau leur parut glacée, puis assez vite douce.

Ils revinrent sur le rivage en suivant le rythme de la marée. Un soleil mordoré se dégagea de sa gangue de brume. Il y eut une heure exceptionnelle de vraie chaleur. Ils rejoignirent les autres qui s'étaient assoupis sur le sable. Soudain, de sourdes détonations retentirent. C'étaient des chasseurs. Attirés par la réserve protégée du Marquenterre, ils rôdaient à sa limite. À marée basse, beaucoup se tenaient à l'affût, camouflés dans les genêts ou sur le sable, dans de grands abris de métal qu'ils transportaient sur leur dos. Tout oiseau égaré essuyait plusieurs tirs croisés.

Une volée de chevrotines siffla à leurs oreilles et Tristan se dressa, le poing levé.

– Partons ! Un jour, ceux-là ne se tromperont pas de gibier.

En fin de repas, Vitalin répartissait les tâches de la semaine quand Amato s'exclama :

– Et le maïs du Bois-Rattier ?

– C'est vrai, avoua Daniel, embarrassé. J'ai oublié de vérifier l'état des plants hybrides. J'irai voir demain.

– Non ! riposta Vitalin. Je ferai un saut de bonne heure là-bas.

Sa réplique créa la surprise. Longtemps, quand il avait eu une décision à prendre, Vitalin avait levé les yeux vers Flora pour quêter son avis. Les autres faisaient mine d'ignorer ce manège qui avait fini par les amuser. D'ordinaire, Flora répondait à son interrogation muette par un simple regard de défi. Aujourd'hui, qu'il tranche vite et seul étonnait. Clovisse et Yolande se tournèrent l'une vers l'autre.

– Et Flora m'accompagnera, ajouta-t-il sur un ton sans réplique.

Comme il voulait s'ouvrir à elle, l'occasion était trop belle.

Il faisait encore nuit quand sa montre sonna. Clovisse dormait paisiblement. Il se leva, s'habilla. Flora le rejoignit et ils déjeunèrent en silence. Au-dehors, l'aube teintait le ciel de mauve.

Ils empruntèrent la fourgonnette et achevèrent la route à pied. Une humidité glacée trempait l'herbe et les prés. Le jour, blême à présent, au lieu de réchauffer l'atmosphère, levait un petit vent qui pétrifiait le vivant.

– Je suis gelé, dit Vitalin. Tu n'as pas froid ?

Elle sourit avec indulgence. Ils pressèrent le pas.

Quand ils arrivèrent au Bois-Rattier, le soleil

déversait sur les taillis et les arbres de la forêt de Crécy une abondante lumière jaune. Vitalin buvait ces instants privilégiés avec l'avidité d'un condamné. Ils parvinrent en vue du champ de maïs dont les épis étaient pleins et durs, derniers témoins de l'été achevé.

– Si nous avions encore quelques jours de beau temps...

– Flora, je voulais te parler.

Elle saisit un épi à pleines mains et murmura, pensive :

– Le raisin a la mémoire courte, son dernier soleil est le bon. Le maïs, lui, n'arrête pas de mûrir. Toute chaleur lui profite. Il est semblable à ces vieillards qui goûtent sur le seuil les rayons du soleil d'hiver.

– Flora, je suis un peu perdu. Je suis arrivé ici avec Clovisse, mais c'est Yolande que j'aimais...

Elle l'écouta raconter son histoire avant de déclarer sans indulgence :

– S'aimer, ce n'est pas s'aimer beaucoup, c'est s'aimer longtemps. Vois-tu, Yolande a des convictions, des exigences et sans doute un plan d'existence. Il faut savoir ce que tu veux, toi, Vitalin. On ne peut pas se contenter de vivre dans le sillage de quelqu'un.

Songeuse, elle caressait à deux mains l'épi gonflé de gros grains.

– Je voulais rejoindre Yolande, résuma-t-il. Et j'ai découvert Écoland.

Flora haussa les épaules en soupirant.

– Tu n'as rien découvert du tout. Tu as croisé un chemin qui te semblera vite une ornière. Parce que tu n'es pas assez mûr pour l'emprunter.

Vitalin approuva. Longtemps, poursuivant Yolande et ses idéaux, il avait cherché un pays. Mais Écoland n'était pas un lieu. C'était une idée en marche. Une utopie située au cœur d'un futur improbable.

Il éclata en sanglots. Flora le prit dans ses bras. Maintenant, tel un enfant, il pleurait. Un jour blafard naissait au-dessus de la forêt transie.

# Hiver

Rudiger s'éclipsa à la mi-décembre, sans prévenir. Flora n'en fut pas étonnée.

– Il a rejoint le système qu'il critiquait, car il sait y trouver son compte…

– Et s'il révélait notre existence aux autorités ? demanda Clovisse.

– Non, affirma Vitalin. Il est parti comme il est venu, insatisfait, attendant plus des autres que de lui-même. Il n'ira pas se vanter d'un échec.

Il faillit ajouter : « Et je sais de quoi je parle. »

Ce départ libérait une chambre. Vitalin la proposa à Clovisse.

– Tu ne crois pas que c'est plutôt à Yolande qu'elle revient ?

Une semaine plus tard, il fut décidé d'un commun accord que les deux femmes partageraient la même chambre.

Vitalin se retrouva seul. Il l'était déjà, mais il se sentit délaissé.

Dans son rôle de coordinateur, il devint moins performant, s'en aperçut, s'entêta. Les autres ne lui en firent pas grief.

Le solstice d'hiver fut le prétexte à une fête où l'on chanta, mangea et but toute la nuit. Noël passa sans qu'il s'en aperçût.

Janvier fut moins froid et rude que prévu. Tristan n'y vit pas un bon signe : la planète se réchauffait lentement. Au Moulin-Brûlé, l'activité suivit le rythme des jours devenus courts. On se levait avec le soleil et les tâches, durant quelques heures, se réduisaient à l'extérieur au soin des animaux et à l'entretien des dispositifs qui assuraient l'énergie. Dès que le soir tombait, on se réfugiait dans la grande salle où la lecture était devenue l'activité principale. Il s'écoulait parfois deux ou trois heures sans qu'une parole fût échangée, chacun étant plongé dans un bouquin. Vitalin, qui avait toujours eu du mal à fixer son attention sur un livre, levait souvent la tête pour observer ses compagnons avec une fascination teintée d'envie. Après le dîner, des groupes se formaient pour échanger, écouter ou interpréter de la musique.

Parfois, celui qui venait de voir les informations en livrait le résumé et un débat s'ensuivait. Bien qu'il tentât d'y participer, Vitalin se sentait de plus en plus étranger à toutes ces activités. Insensiblement, il découvrit qu'il supportait mal la vie en collectivité. Le yoga, les repas communs, les veillées, devenaient autant de corvées. Il se plongea dans la lecture de magazines, s'isola pour regarder la télévision.

L'autarcie n'était pas complète ; comme les réserves ne suffisaient pas, il fallait parfois se ravitailler auprès des groupes voisins et même, exceptionnellement, en ville. Fin février, Vitalin faillit décider d'aller au supermarché le plus proche. Au dernier moment, il confia cette tâche à Tristan.

Le mois suivant, le printemps s'annonça d'un coup, un matin, avec une aube d'une clarté exceptionnelle que saluèrent des cris prolongés d'oiseaux. L'humeur générale s'en trouva soudain dopée, régénérée. Ce jour-là, Yolande et Clovisse furent les premières à jaillir dans le jardin en se tenant par la main. Vitalin les observait, jugeant leur exubérance infantile et déplacée. Géole se pencha vers lui pour chuchoter :

– Tu es triste.

Ce qui n'était même pas un reproche lui fit l'effet d'une gifle.

– C'est vrai, reconnut-il. Je ne donne pas le bon exemple.

Car il était toujours coordinateur. Avait-il le droit d'organiser un avenir dont il se gommait ?

Il vécut deux semaines de cauchemars et d'incertitudes. Il s'était résolu à partir, mais il attendait de Flora un ordre, de Clovisse un conseil ou de Yolande un signe.

Elles ne lui en livrèrent aucun.

La scène des voitures défilant sur la route d'Abbeville revenait à sa mémoire comme un leitmotiv. Ses nuits étaient peuplées de véhicules après lesquels il courait sans jamais les rattraper.

# Printemps

La veille de la grande fête d'équinoxe de printemps, Vitalin annonça qu'il cédait sa place de coordinateur à Yolande. Au silence qui suivit, il devina que beaucoup soupçonnaient le motif de sa décision.

Quand Clovisse vint le trouver dans sa chambre, Vitalin fourrait ses vêtements dans son sac. Des mains amies lui caressèrent les cheveux. Il ne se retourna pas, murmura :

– Clovisse, je vais partir.

Il répéta « Je vais partir » comme pour bien s'en convaincre, comme s'il n'y croyait pas lui-même ou pour qu'elle l'en dissuadât.

Elle se contenta d'avouer d'une voix égale :

– Longtemps, moi aussi, j'ai cru que je partirais. Le café, le tabac, la viande, me manquaient. Et certaines ivresses comme le jeu, la foule, la voiture, la ville et mille plaisirs ambigus qui cultivent l'insatisfaction et le risque.

La gorge serrée, il boucla son sac pendant que Clovisse, attablée, griffonnait quelques mots et ficelait un petit paquet.

– Vitalin ? Quand tu seras à Paris, pourras-tu poster cette lettre et ouvrir ce cadeau ?

Il promit. Elle le serra contre lui, l'embrassa et sortit.

Alors Vitalin s'approcha de la fenêtre et l'ouvrit.

Les rumeurs de l'extérieur entrèrent. Le verger était ténébreux et serein. Sous les éoliennes qui chuchotaient, un crapaud coassait à la lune.

Le printemps mûrissait dans la nuit.

Accoudé, Vitalin scrutait le jardin. Tous ses sens en éveil, il pleurait.

C'était comme une enfance qu'il perdait une seconde fois.

# Lundi matin

Il partit avant l'aube, sans avoir fermé l'œil. Il quitta le Moulin-Brûlé, s'éloigna de Forest-l'Abbaye. Il marchait sans se retourner.

Mais quand le soleil lui chauffa le dos, il voulut regarder en arrière. Au-dessus de la forêt de Crécy se levait une grande lumière faite de brume et de chaleur ; elle s'étendait sur la campagne, la débordait comme une marée. Ébloui, il ferma les yeux et reprit sa route.

Il arriva sur la nationale reliant Abbeville et Amiens. À cette heure, les voitures étaient rares. Mais le premier véhicule, un camion, s'arrêta.

– Je peux vous déposer quelque part ?

Le chauffeur se rendait sur un chantier à Abbeville. Son haleine sentait le tabac et le café au lait. Vitalin monta à côté de lui. L'homme, simple et rude, avait l'accent picard. Il parlait fort et beaucoup, mit la radio en marche. Et Vitalin fut submergé de paroles, de musiques, d'informations et de publicité.

On lui offrit une cigarette qu'il refusa. Mais il sut très vite qu'il lui serait dur de toujours refuser.

Autour de lui, le paysage défilait comme un naïf décor de foire. « Je reviendrai », se promit-il tout en sachant qu'il ne reviendrait pas. Il avait croisé la route d'Écoland et il s'en éloignait à jamais.

Quand le camion s'arrêta devant la gare d'Abbeville, un haut-parleur annonçait le rapide en provenance de Calais. Il n'eut que le temps de prendre un billet pour Paris et de sauter dans une voiture.

C'était un train corail confortable ; beaucoup de places étaient libres. Çà et là, des professeurs corrigeaient des copies, des cadres en costume-cravate commentaient des graphiques et des chiffres. Des téléphones portables sonnaient sans arrêt. Vitalin regarda par la vitre : à ce moment, le convoi traversait la gare de Long-le-Catelet. En trois secondes, il aperçut les étangs, une église, un village. Une vision qui s'évanouit aussitôt.

Il arriva gare du Nord peu après huit heures. Le brouhaha, la foule et mille odeurs suspectes l'agressèrent avec une violence inattendue. Il consulta l'indicateur de pollution. Les chiffres étaient à peine supérieurs à ceux de l'an dernier ; ils lui parurent pourtant démesurés. Bousculé, il eut quelques secondes de désarroi.

Allongés à terre sur des cartons, parmi des chiens, des SDF faisaient la manche avec une humilité un peu lasse. Des contrôleurs patrouillaient sur les quais, vociférant contre les resquilleurs qui sautaient par-dessus les tourniquets.

Il chercha le premier train pour Saint-Denis, voulut acheter un ticket, s'aperçut qu'on lui avait dérobé son porte-monnaie qui contenait aussi sa carte de crédit. Alors il quitta la gare, traversa l'avenue et entra dans le premier bistrot. L'établissement était assailli de consommateurs qui buvaient sur le zinc des petits blancs, des bières, des cafés arrosés de calva.

Il commanda un express et demanda à se servir du téléphone du comptoir. Il composa le numéro du salon de coiffure de Juliette – en vain, il n'ouvrait qu'à dix heures. Il appela chez Walter, c'est sa femme qui décrocha. Dès qu'elle l'eut identifié, elle lança une injure avant de lui raccrocher au nez.

Alors, à tout hasard, il appela chez lui. La voix de Juliette répondit. Quand Vitalin s'identifia, son interlocutrice parut très embarrassée :

– Écoute, Vitalin, Walter est là. Oui, il est chez nous... enfin, chez toi. Il veut te parler, je te le passe !

Vitalin essuya une bordée d'exclamations et de rires.

– Bien sûr, nous occupons ton pavillon ! Juliette et moi nous vivons maintenant ensemble, hein ? Qu'en dis-tu ?

– Je vous souhaite beaucoup de bonheur, dit Vitalin.

Il voulut ajouter : mais puisque vous vivez ensemble, je préférerais que ce soit ailleurs que chez moi. Cependant il ne le fit pas. Il avait besoin d'aide et bredouilla, comme pris en faute :

– Walter ? Écoute, je suis coincé dans un bistrot en face de la gare du Nord. Je n'ai pas un sou pour payer mon café et mon téléphone. Peux-tu venir me chercher avec le break ?

– Eh non, figure-toi que nous avons eu un accident avec.

Vitalin se sentit submergé par une foule de sentiments violents : l'abattement, l'amertume, la colère... Soit, il s'en tirerait tout seul. Il ne ferait plus appel à eux. Ni à aucun autre de ses anciens amis.

Plus jamais. Il fallait qu'il tire un trait.

À l'autre bout du fil, on chuchotait. Il allait raccrocher quand Walter lança soudain :

– Tu sais que tu as de la veine ? Juliette est vraiment une chic fille, elle veut bien te dépanner et passer te prendre en taxi... Au fait, d'où débarques-tu ? De ton fameux Écoland ? Tu as fini par le trouver ?

– Non, répondit Vitalin d'une voix blanche, je n'ai pas trouvé Écoland... Tu avais raison, Walter, c'est un mythe.

Il n'avait pas l'impression de mentir ; il en fut le premier surpris.

Il sursauta quand Walter ajouta :

– Un ami à toi sera ravi de te revoir enfin !

– Un ami ?

– Oui. Étienne Dupuis.

– Mais… je ne connais pas d'Étienne Dupuis.

– Il dit avoir oublié des documents chez toi. Il nous rend souvent visite pour essayer de mettre la main dessus. Je suppose qu'il t'expliquera. Ah, Juliette me demande le nom du bistrot d'où tu appelles.

Vitalin se retourna vers la vitrine.

– *Le Rendez-vous des Belges*, déchiffra-t-il.

Il commanda un second café qu'on vint lui servir en terrasse. Il laissa errer son regard sur l'avenue où se pressaient de nombreux cyclistes, où défilaient les bus, les taxis et les trams du matin. Un monde dont il lui faudrait réapprendre les règles.

Il songeait que, dans moins d'une heure, Juliette l'aurait rejoint. À midi, il serait chez lui. Et la vie reprendrait son cours.

Mais il ne reverrait pas Laura. Ni Claudius. Ni Denis. Quant à Walter et Juliette, il essaierait de les chasser de sa maison puis de sa vie.

Il repensa à l'inconnu qui s'était introduit chez lui. Un ami, Étienne Dupuis. À la réflexion, il se rappelait avoir lu ce nom quelque part. Mais où ? Il ouvrit son sac.

Il trouva d'abord le petit paquet que lui avait donné Clovisse. Il dénoua la ficelle et découvrit deux objets.

Le premier était une améthyste, grosse comme un poing d'enfant. Sciée en son milieu, elle livrait un cœur lisse et coloré comme un marbre. Le second était une montre. Aussi ronde et parfaite qu'un galet poli, elle fonctionnait, rythmait le temps de son tic-tac têtu. L'heure qu'elle indiquait était fausse, elle avançait beaucoup.

Quant à la lettre que Clovisse lui avait demandé de poster, elle était adressée à ce fameux Étienne Dupuis – poste restante à Paris. Au dos, Clovisse n'avait pas inscrit d'adresse, mais une phrase énigmatique : « Ce sera là mon dernier message. »

Était-ce une lettre de rupture ? Peut-être Étienne Dupuis était-il l'homme que Clovisse avait aimé, puis quitté avant de rejoindre Écoland ?

Vitalin était partagé entre curiosité et jalousie. Comme il n'avait pas bu son second café, il passa, pour la décoller, l'enveloppe au-dessus de la tasse.

La feuille qu'elle contenait était une page de calepin sans indication de lieu ni de date. Une feuille sur laquelle Clovisse avait simplement écrit : « J'ai découvert Écoland. Et j'y reste. »

## L'auteur

Né à Paris en 1945, **Christian Grenier** a été marqué par le théâtre (ses parents étaient comédiens), la musique classique et toutes les littératures. Il se met très tôt à écrire, par besoin, par passion. Entre 1957 et 1969, la conquête de l'espace lui ouvre les portes de la science-fiction en général et de l'utopie en particulier. Devenu prof de Lettres, il enseigne pendant vingt ans.

Depuis 1972, il a publié quatre essais sur la SF et quatre-vingts romans, la plupart destinés au jeune public et qui abordent tous les domaines.

À ses yeux, sciences et littérature sont compatibles. Ses ouvrages, le plus souvent optimistes, abordent par mille biais les problèmes contemporains et offrent un tremplin toujours différent au rêve et à la réflexion.

Christian Grenier vit depuis 1990 dans un village périgourdin, au bord de la Dordogne. Là il cultive à plein temps ses passions : l'écriture, la lecture, la musique.

## Dans la même collection

- H.S., *Isabelle Chaillou*
- Ijimé, la loi du plus fort, *Huguette Pérol*
- Talents cachés, *David Lubar*

## Du même auteur, en Cascade Policier

- Arrêtez la musique
- @ssassins.net
- Coups de théâtre
- L'ordinatueur

Achevé d'imprimer en France en février 2003
sur les presses de l'Imprimerie Hérissey à Évreux (Eure)
Dépôt légal : avril 2003
N° d'édition : 3801
N° d'impression : 94172